Avant-propos 

Pays de terre, d'eau et de lumière, le Jura accueille une faune et une flore abondantes. Que l'on soit simple promeneur, observateur animalier ou botaniste à la recherche d'une rare orchidée, découvrir la fabuleuse **diversité de la nature jurassienne** est toujours un enchantement.

Toutes les formes de vie qui s'épanouissent sur les reliefs sont autant de promesses d'observations précieuses et uniques. Les sites que vous allez parcourir au fil de ces pages forment le kaléidoscope d'une **région à taille humaine** qui a su préserver la richesse de sa nature.

Lynx

Sommaire

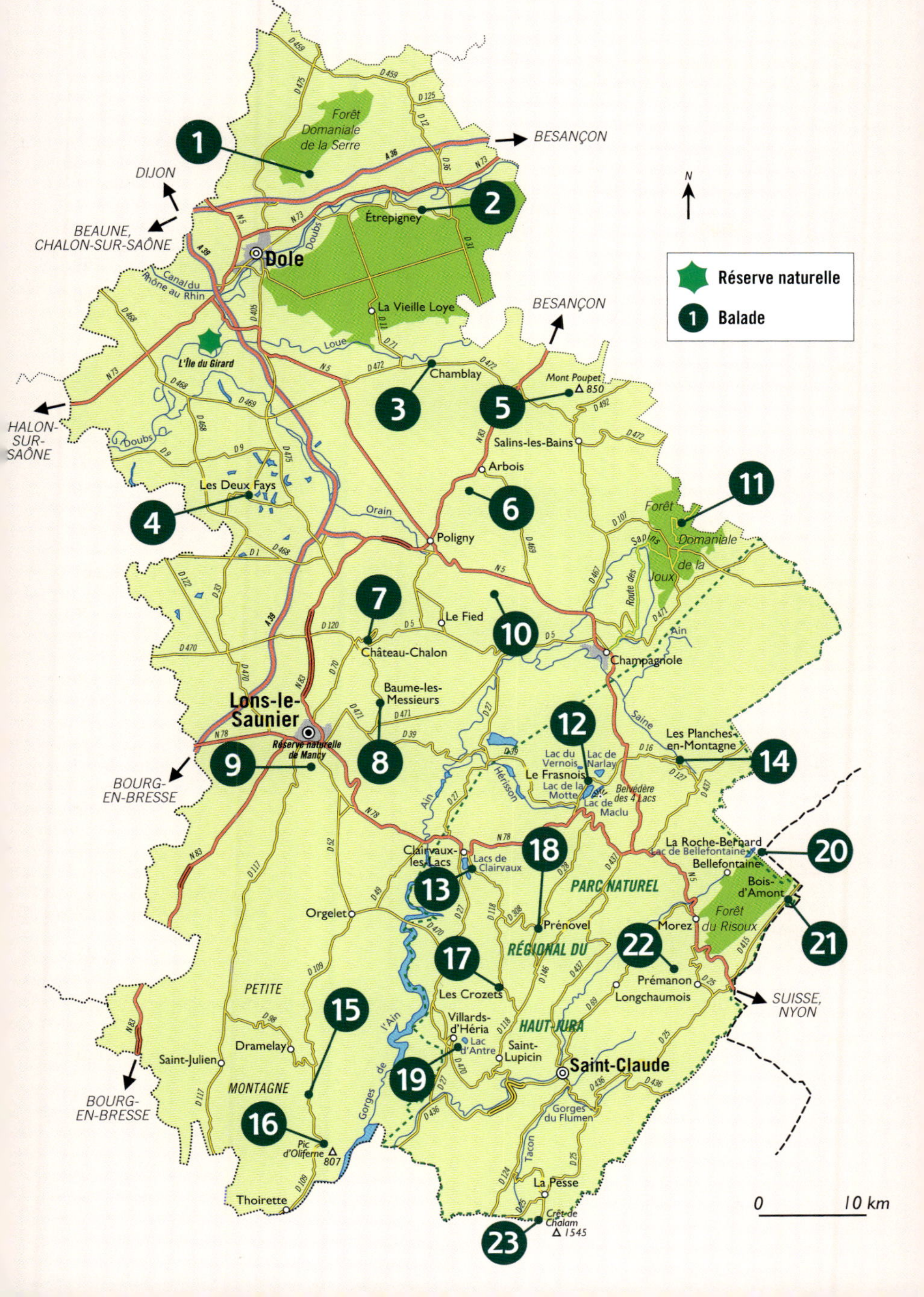
Réserve naturelle
Balade
BESANÇON
DIJON
BEAUNE, CHALON-SUR-SAÔNE
HALON-SUR-SAÔNE
BOURG-EN-BRESSE
SUISSE, NYON
Forêt Domaniale de la Serre
Étrepigney
Dole
La Vieille Loye
L'Île du Girard
Chamblay
Mont Poupet 850
Salins-les-Bains
Arbois
Les Deux Fays
Poligny
Forêt Domaniale de la Joux
Le Fied
Château-Chalon
Champagnole
Baume-les-Messieurs
Lons-le-Saunier
Réserve naturelle de Mancy
Lac du Vernois
Lac de Narlay
Le Frasnois
Lac de la Motte
Lac de Maclu
Belvédère des 4 Lacs
Les Planches-en-Montagne
La Roche-Bernard
Lac de Bellefontaine
Bellefontaine
Bois-d'Amont
Forêt du Risoux
Clairvaux-les-Lacs
Lacs de Clairvaux
PARC NATUREL RÉGIONAL DU HAUT-JURA
Orgelet
Prénovel
Morez
Prémanon
Longchaumois
Les Crozets
PETITE MONTAGNE
Villards-d'Héria
Lac d'Antre
Saint-Lupicin
Saint-Claude
Dramelay
Saint-Julien
Gorges de l'Ain
Gorges du Flumen
Pic d'Oliferne 807
La Pesse
Crêt de Chalam 1545
Thoirette
0 10 km

Comment **utiliser** un

Ce livre est composé de deux grandes parties :
les **balades** proprement dites et le **Carnet du naturaliste**.

Longueur, durée, localisation et balisage de l'itinéraire

Carte IGN au 25 000e pour se repérer avec précision

Balades

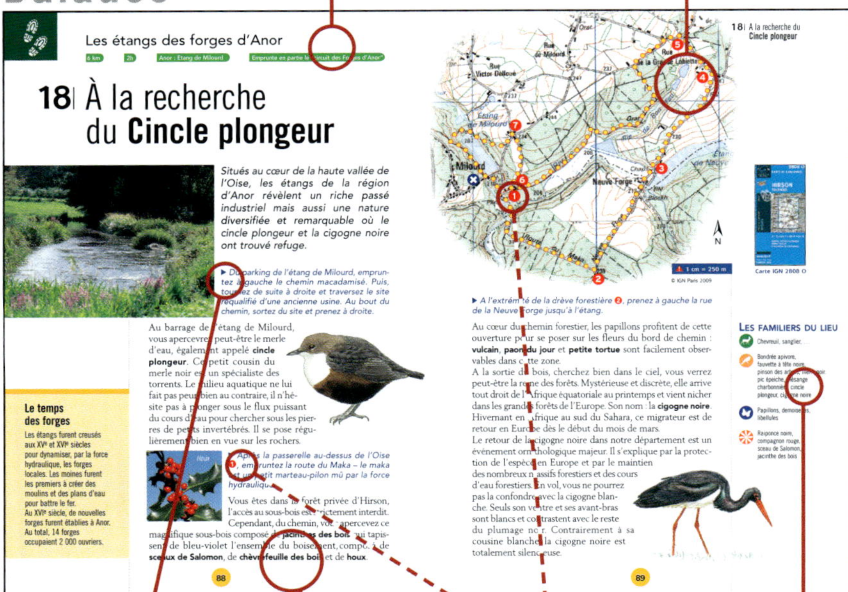

Les indications d'orientation (en bleu) viennent compléter la carte

Point d'observation correspondant à un commentaire

Les commentaires (en noir) livrent des informations simples sur la faune, la flore et leurs interactions avec l'homme

Espèces les plus courantes dans les environs

guide Balades nature ?

Balades

Comment se rendre au point de départ ?
Meilleures périodes et conseils pratiques divers

régulièrement inondées et ensevelies dans des sédiments vaseux et sableux. Piégés par des matières minérales et dans un milieu dépourvu d'oxygène, les troncs et b… n'ont pas pu… dégrade… norma…ement. Le bo… s'est trans…rmé en char…n. Ayant g… tout …n pouvoir calorifique, celui-ci, exploité, a été un précieux auxiliaire du déve…pement industriel de la régi…

Face à la dynamique végétale de la calamagrostide et l'installation de plus en plus dense de la forêt, le Département a réalisé diverses opérations de gestion et de restauration des espaces naturels. De grosses opérations de déboisement ont été entreprises de façon à recréer des clairières favorables au **pipit des arbres** et à l'**engoulevent d'Europe**. Le pâturage mis en place avec des moutons ou des chevaux vise, quant à lui, à maintenir et à restaurer les pelouses sèches et steppiques du site pour leurs riches communautés végétales. Elles devraient être favorables aux **chevêches d'Athéna**, **cailles des blés**, **alouettes lulu** et **perdrix grises**.
Quelques petites zones humides ont également été créées pour la reproduction des amphibiens, libellules et autres insectes aquatiques.

Pipit des arbres

54

PRATIQUE

Depuis Lille, suivez l'autoroute A1 v…s Paris puis l'A21 vers Douai. Prenez la direction de Denain (RN455) et sortez à Lallaing. Traversez l'aggl…mération, en direction de Flines-lez-Râches (RD35). Empruntez le pont de Lallai…, sur la Scarpe, puis aussitôt à droite le chemin de halage qui conduit, après 2,5 km, au parking d…ccueil du site de Germignies nord.

L'itinéraire débute au parking, au pi… du terril, sur le chemin de halage du canal de la Scarpe.

Environ 3,5 km. Comptez 1h30 de m…rche environ.

Une succession de panneaux …dagogique… rythme la balade. L'automne offre au site des ambiances exceptionnelles. Le… sous-bois …ont rouges grace aux amanites tue-mouche.

Lewarde : le Centre Historique Minier (tél. 03 27 95 82 82)
Bernissart (Belgique) : le musée de l'Iguanodon (tél.+32(0)69/76 66 13)
Wallers-Arenberg : le carreau de fosse, associassion les Amis de Germinal et anciens mineurs de Wallers-Arenberg (tél. 03 27 24 02 67)
Rieulay : la Maison du Terril (tél. 03 27 86 03 64)
Orchies : la Maison de la Chicorée (tél. 03 20 64 83 70)

55

Anecdote sur une espèce
ou mise en lumière
d'un thème en rapport avec la balade

Carnet du naturaliste

Petits carnivores

Mustélidés

Les mustélidés sont de petits mammifères **carnivores** au corps allongé. La **belette** et l'**hermine** en sont les deux plus **petits** représentants. Toutes deux parviennent à se faufiler dans les galeries de campagnols. La **fouine**, plus grosse, préfère les villes et les vil…ges. Le **…tois** européen n'a rien à voir avec la célèbre mouflette des Etats-U…is, héroïne …e dessins animés… Mais il peut lui aussi émettre une odeur na…séabonde lo…qu'il est blessé ou stressé. Ces animaux ont la **réputation** d'… sanguinair…, cruels et nuisibles, ce qui est faux. **Prédateurs** d… petits ronge… ils o… leur **rôle** dans l'équilibre naturel.

La laissée des mustélidés est noueuse et en pointe

Fouine — *Martes foina*
▸ …vette blanche et fourchue qui descend jusque sur les pattes de devant, truffe rose
● Généralement à proximité des habitations
1,3-2,1 kg — 65-77 cm

Putois — *Mustela putorius*
▸ Reconnaiss…ble à son mas…e, museau, p…nte des or… …urcils blancs jaunâtres
● Zones humides, bords de cours d'eau, haies…
0,5-1 kg — 45-65 cm

Hermine — *Mustela erminea*
▸ Ressemble à la belette sauf l'extrémité de sa queue qu… est noire
● Haies, …isières, jardin…, bois…
200 g — 25-45 cm
Pelage d'hiver

Belette — *Mustela nivalis*
▸ A peine plus gros qu… …mpagnol ! Plus petit carnivore d…
● Parcs, prairies, jardins, forêts, haies, champs, friches, dunes…
17-27 cm

96

Traits de caractère de l'espèce
sur un ton anecdotique
accessible à tous

Signes particuliers
de l'espèce

Milieux dans lesquels elle évolue

Dimensions,
poids de l'animal

Mini-flore du Jura

Il n'est pas toujours facile d'identifier une plante, surtout quand elle est petite. Le type d'inflorescence peut vous aider à la reconnaître. Le pissenlit, par exemple, a une inflorescence en capitule. Les fleurs sont en épi lorsqu'elles commencent directement sur la tige, ou en grappe lorsqu'elles s'y rattachent par un pédoncule.
La disposition des feuilles est aussi un critère important, tout comme la période de floraison, la taille et le milieu dans lequel vit la plante.
Vous trouverez page suivante une mini-flore du Jura pour faire vos premiers pas de botaniste !

Laitue des Alpes

Les différents types d'inflorescence

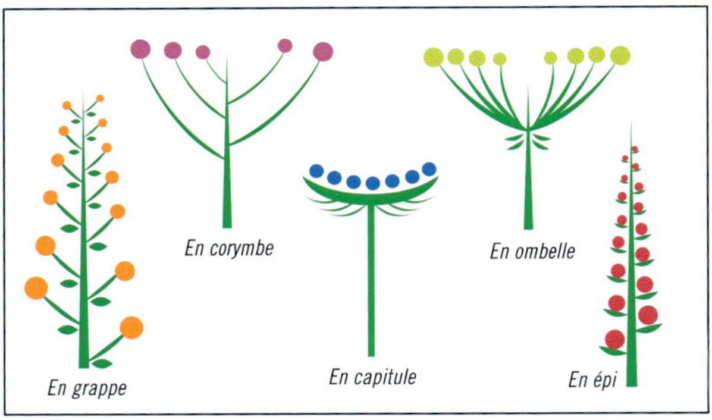

Disposition et forme des feuilles

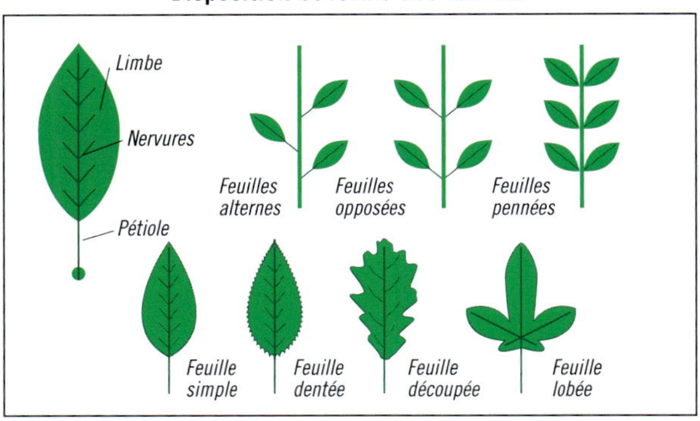

Un tuteur à la hauteur

La flore comprend les végétaux supérieurs, plantes à fleurs et fougères, et les végétaux inférieurs, champignons, mousses et lichens. Par commodité on distingue les arbres et les arbustes des fleurs, mais tous font partie du même groupe. Les arbres, végétaux complexes à la grande longévité, sont déterminants dans l'apparition d'autres espèces végétales, et donc animales. Ils protègent du soleil ou enrichissent tout simplement le sol, et peuvent servir de tuteurs à certaines espèces.

Voici quelques végétaux que vous rencontrerez au cours de vos balades. Pour chaque espèce sont indiqués sa période de floraison, sa taille (▲), le milieu où elle vit (●) et des commentaires (▸).

Anémone pulsatille

Pulsatilla vulgaris

Mars-Juillet
▲ Jusqu'à 2 800 m
● Prairies sèches calcaires
▸ Plante utilisée en homéopathie.

Digitale à grandes fleurs

Digitalis grandiflora

Juin-Août
▲ Jusqu'à 2 000 m
● Bois et rocailles
▸ La famille des digitales contient des cardioniques très puissants... voire mortels si mal employés.

Dryade à huit pétales

Dryas octopetala

Mai-Juillet
▲ Jusqu'à 2 500 m
● Prairies, rocailles
▸ Espèce protégée. Appelée aussi thé des Alpes, cette dryade était jadis consommée en infusion pour ses propriétés digestives. Elle est aussi utilisée pour calmer les maux de gorge.

Gentiane jaune

Gentiana lutea

Juillet-Août
▲ Jusqu'à 2 500 m
● Bois clairs, talus, lieux incultes
▸ Utilisée dès l'Antiquité pour son action tonique sur le système digestif, la gentiane sert à la fabrication d'un célèbre apéritif...

Lis martagon

Lilium martagon

Juin-Juillet
▲ Jusqu'à 2 800 m
● Prairies, bois et broussailles
▸ Espèce protégée.

Anthyllis des montagnes

Anthyllis montana

Juin-Juillet
▲ Jusqu'à 2 400 m
● Prairies, herbes et rochers calcaires
▸ Espèce protégée.

Jardins d'altitude

Les mégaphorbiaies à adénostyle, situées à plus de 1 000 m d'altitude, sont des jardins luxuriants et exubérants des forêts du Haut-Jura. Elles apprécient les cuvettes où se sont accumulés les limons entraînés par la pente, les sels nutritifs, l'humus et l'eau de pluie ou de fonte des neiges. Les larges feuilles forment une couverture, sous laquelle règne un microclimat humide et ombragé, hostile au développement des jeunes ligneux ou des herbacées des pâturages. Les parties aériennes, détruites chaque hiver, repoussent et fleurissent dès les premiers beaux jours. Les plantes les plus spectaculaires sont l'**adénostyle à feuilles d'alliaire** (fleurs roses), le **cerfeuil de Villars**, la **laitue des Alpes** (capitules violets), le **géranium des bois** (mauve) et les touffes de deux **renoncules** à petites fleurs blanches. À cette altitude, vous admirerez aussi le **lis martagon** et l'**aconit napel**.

Décoder la nature

Comprendre la faune et la flore sauvages nécessite de répondre à quelques questions essentielles. La nature est composée d'une multitude d'êtres vivants qui interagissent au sein d'un milieu. La prairie que vous regardez semble déserte ? Elle est pourtant le théâtre d'une vie intense… C'est à ce spectacle, caché de prime abord, que nous vous convions.

Au rythme des saisons

Vos observations ne seront pas les mêmes en hiver et au printemps. Nos balades et le guide d'observation vous aident à mettre en relation le comportement des animaux et l'époque de l'année.

En hiver, certaines espèces hibernent ou migrent. A la saison des amours, parades nuptiales, luttes sans merci entre mâles et autres roucoulements animent la nature. Des animaux d'habitude très discrets, comme le renard, sont davantage visibles en mai et en juin, quand une portée de renardeaux réclame sa pitance et que les parents doivent prendre plus de risques pour rapporter à manger au terrier.

Biodiversité

Plus la végétation est riche et variée, plus les espèces animales sont nombreuses. Ainsi une haie de thuyas ne remportera que peu de suffrages chez les oiseaux. En revanche, un bocage où se succèdent prairies, arbustes, bosquets, mares et cours d'eau abritera de nombreux végétaux, qui nourriront de multiples insectes, qui, à leur tour, attireront de nombreux oiseaux, qui serviront de proies aux rapaces, et ainsi de suite.

Papiers s'il vous plaît !

Depuis le XVIIIe siècle, la classification des organismes vivants répond à une nomenclature bien précise. Chaque animal est baptisé d'un nom scientifique, formé de deux mots latins qui déterminent le genre et l'espèce. Le nom savant de l'hermine est *Mustela erminea*. *Mustela* désigne le genre, c'est-à-dire un ensemble d'êtres qui ont des traits communs. Le nom savant du putois, cousin de l'hermine, est *Mustela putorius*. L'espèce désigne des êtres capables de se reproduire entre eux (*erminea* pour les hermines et *putorius* pour les putois).

Bibliographie

Glossaire d'écologie fondamentale, Marc Duquet, éd. Nathan Université, 1993, 128 p.

GRANDEUR NATURE
Images du Jura

Respecter l'environnement

La nature est une source de plaisir mais aussi un patrimoine fragile. "Il faut penser globalement et agir localement" disent les écologistes. C'est sans doute ainsi que nous préserverons un monde accueillant pour les humains et pour la vie sauvage.

Dans les balades, l'encadré vert attire votre attention sur un thème lié à la protection de l'environnement.

Les bouleversements écologiques auront des conséquences à long terme : un déchet peut mettre des siècles à se dégrader et, quand une espèce disparaît, c'est tout un équilibre naturel qui est menacé. Ces faits sont connus et répétés. Petit à petit, le respect de l'environnement entre dans nos mœurs. Mais la prise de conscience n'est pas suffisante… Il faut également agir !

Conseils pratiques

➤ Ne laissez aucun déchet derrière vous, pas même un mégot de cigarette. Et surtout pas de métal, de verre ni de plastique.

➤ La nature n'est pas un libre-service : ne cueillez pas de plantes ou de fleurs inutilement. Ce geste répété peut entraîner la disparition de fleurs rares. La photographie est souvent le meilleur moyen d'immortaliser vos découvertes naturalistes.

➤ N'effrayez pas les animaux. L'énergie dépensée pour fuir sera perdue pour le nourrissage des jeunes, la lutte contre le froid, la reproduction…

➤ Ne marchez pas en dehors des sentiers : un passage répété peut entraîner un éboulis. Par ailleurs, de nombreuses espèces végétales souffrent du piétinement.

➤ Évitez d'emmener un chien. Quoique domestiqué, le chien est un prédateur de nombreuses espèces : il peut détruire les nichées situées dans les fourrés. Ses aboiements éloigneront de nombreux animaux.

➤ Enfin, respectez les propriétés privées.

Périodes de chasse

En tant que promeneur, il est bon de connaître les dates d'ouverture de la chasse. En France, elle ouvre officiellement entre le premier et le quatrième dimanche de septembre, et s'étend jusqu'au 28 février. Mais on peut rencontrer, selon les régions, des battues de sangliers dès le 15 août. Pour savoir avec exactitude si la chasse est ouverte, contactez la mairie de la localité où vous comptez vous rendre. Celle-ci est tenue informée des calendriers cynégétiques par la préfecture et par les associations communales de chasse agréées. Tout cela est très réglementé et dépend du Code de l'environnement. Pour en savoir plus : www.legifrance.com

Légende

- 1 Point d'observation et/ou d'orientation
- ✕ Départ
- • • • Itinéraire

- 7 km Distance
- 2h30 Durée moyenne
- Rosnay Localité la plus proche du point de départ

Familiers du lieu

- Oiseaux
- Mammifères
- Amphibiens/reptiles
- Poissons
- Insectes

- Comment s'y rendre ?
- Point de départ
- Durée et dénivelé
- Meilleure période d'observation
- Informations complémentaires

Balades dans le Jura

4,5 km | 2h | Amange | Balisage jaune

1 | Le sentier du **Loup-Garou**

Les cascades de la Vèze

Lucane cerf-volant

Partez à la découverte du massif de la Serre et du patrimoine du village d'Amange, où une superbe fresque vous conte l'histoire du loup-garou de la vallée des Anges.

La Serre, c'est la "montagne" du Bas-Jura. Avec son altitude de 400 m, ses 4 000 ha de forêt, une vingtaine de villages à ses pieds, elle a gardé un caractère sauvage.

▶ *Un panneau vous indique le point de départ du sentier.*

❶ Dans Amange, onze panneaux vous présentent les éléments forts du patrimoine : fontaine, bains-douches, église, château… Au crépuscule, la pipistrelle et le grand rhinolophe, une des plus grosses chauves-souris d'Europe, fréquentent le village et ses environs. Un panneau leur est destiné.

▶ ❷ *Continuez sur le coteau calcaire, jadis couvert de vignes.*

À la hauteur du panneau sur la faune, vous entendrez peut-être le chant ("lulu…") de l'alouette lulu, l'un des oiseaux les plus rares du secteur. Juste après, cherchez à terre des spécimens de lucane cerf-volant, victimes de prédateurs. Le plantain est ici très commun : sa sève soulage des piqûres d'insectes. ❸ Un peu plus loin, là où le sentier reste toujours humide, guettez les traces du chevreuil, du sanglier et du renard. d Au niveau d'un panneau sur la géologie, vous vous trouvez dans un fossé d'effondrement avec le calcaire sur votre droite et le granite sur votre gauche. Le massif de la Serre est le seul site granitique du Jura. Le genêt à balai est une plante spécifique de ce milieu.

▶ ❺ *Remontez les cascades du moulin Cheneau jusqu'à l'étang.*

Salamandre tachetée

Un loup-garou dans la vallée des Anges

Le 18 janvier 1574, le tribunal de Dole condamna Gilles Garnier à être brûlé vif pour avoir tué trois enfants et en avoir partiellement dévoré la chair. Il fut arrêté à l'ermitage Saint-Bonnot, où il vivait avec sa famille. De ce lieu, il ne reste que des ruines consolidées que vous découvrirez le long du sentier.

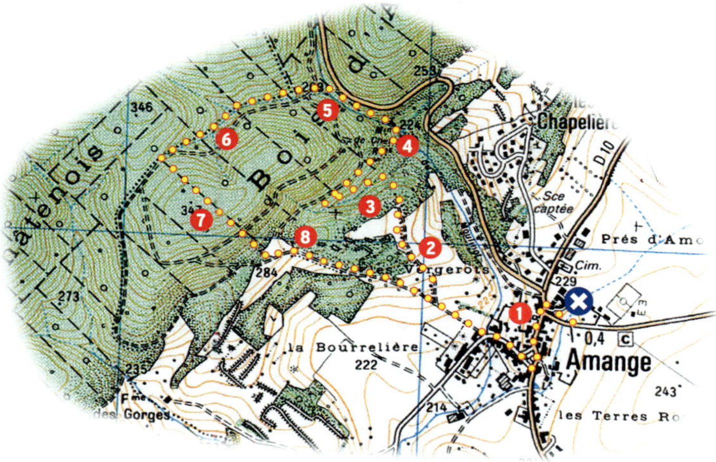

© IGN Paris

Carte IGN 3223 O (1 cm = 250 m)

Dans ce site très pittoresque du massif de la Serre, la salamandre n'est jamais bien éloignée du ruisseau, la Vèze. ❻ Après le panneau sur la flore, ouvrez l'œil. Là encore, poussent deux espèces caractéristiques du massif granitique : le châtaignier et le sureau à grappes (fruits rouges), dont la sève des feuilles atténue les piqûres d'ortie.

▶ ❼ *Vous êtes au point culminant de la balade.*

Près de vous se trouve la source Bonnot. ❽ Vous quittez le granite pour retrouver le calcaire. Vous y verrez des orchidées au printemps, des grandes cardères (ou "cabarets aux oiseaux") et des hellébores fétides qui fleurissent en hiver. Il arrive que la pie-grièche écorcheur fréquente les lieux.

Daniel Bernardin

PRATIQUE

À partir de Dole, prenez la N 73 en direction de Besançon. À Rochefort-sur-Nenon, au niveau des cimenteries d'Origny, tournez à gauche sur la D 10. Arrêtez-vous à Amange (à 4 km).

Au centre du village d'Amange, face à l'école, un panneau vous indique le départ de la balade. Celle-ci commence 100 m plus loin, devant la salle polyvalente.

Comptez 2 heures de marche pour 4,5 km. Le sentier, balisé en jaune, est praticable par tous. Évitez les jours de chasse (dimanche et jours fériés entre le 15 octobre et la fin du mois de janvier). Les chiens doivent être tenus en laisse.

Deux peintres amateurs ont ouvert un local le long du sentier : elles y réalisent et exposent leurs œuvres. Autres sentiers de découverte à proximité : le sentier du Tacot à Montmirey-la-Ville (10 km), le sentier des Fontaines à Sermange (10 km), le sentier de la Vigne à Taxenne (15 km).

9 km | 3h | Etrepigney | Balisage jaune

2 Le sentier du **Guêpier**

Petit aperçu de l'étendue de la forêt de Chaux...

"La forêt qui n'en finit pas" livre ses secrets le long de ce sentier : curiosités botaniques et vestiges de l'époque des bûcherons-charbonniers. C'est la 2e plus grande forêt de France.

▶ *Vous êtes au parking.*

À 200 m gauche de la route forestière, vous découvrez un baccu ❶. Démontable, cet habitat temporaire, fait de terre et de bois, suivait le bûcheron-charbonnier sur ses chantiers. Entre la route forestière et le parking vous observez un chêne à vierge ❷. Il s'agit d'un arbre sacré, dont la tradition remonte à l'époque celte. Les druides désignaient certains chênes afin qu'ils deviennent les piliers naturels des premiers temples, des médiateurs entre les puissances célestes, terrestres ou souterraines. La déesse-mère y était souvent invoquée. Les moines précurseurs de la religion chrétienne assimilèrent ces rites anciens en plaçant des statuettes de la vierge au creux de ces arbres. Tout au long du sentier, vous entendrez, à défaut de les voir, les pics tambouriner ou pousser des cris. C'est notamment une façon de marquer leur territoire.

▶ *Partez à droite sur le chemin qui longe la forêt. Quittez-le au bout de 500 m pour emprunter, sur votre gauche, un petit sentier.*

Il vous mène au chêne à gui ❸. Si le

Cerf élaphe : seul le mâle est muni de bois

Frayer

Le cerf élaphe perd ses bois tous les ans au printemps (entre février et avril selon l'âge). La repousse des nouveaux bois, recouverts d'une peau nourricière appelée "velours", dure 4 mois. Au terme du développement de la nouvelle ramure, le velours se dessèche et le cerf frotte ses bois pour en faire tomber les lambeaux de peau. On dit qu'il fraye.

© IGN Paris

Carte IGN 3224 E (1 cm = 280 m)

chêne est le symbole de la force, le gui représente l'immortalité. L'association des deux végétaux est exceptionnelle ; elle a été rendue célèbre par les druides qui pratiquaient la cueillette du gui le sixième jour de la lune de novembre, lors de la fête de Samain.
Vous traversez un bouquet de résineux aux écorces usées, arrachées : ce sont des frayoirs. Les cerfs frottent ici leurs bois contre les troncs d'arbre pour en faire tomber les lambeaux de peau.

▶ *Tout en suivant le balisage, qui emprunte des lignes forestières se coupant à angle droit, vous dévalez une petite pente et rejoignez un observatoire en bois* ❹.

Observatoire à osmonde royale

De cet observatoire, vous découvrez une fougère aux frondes particulières. Il s'agit de l'osmonde royale (*Osmunda regalis*), dont le nom scientifique vient du latin *Os* : "bouche" et *Mundare* : "nettoyer". Elle est parfois nommée fougère royale, fougère fleurie ou encore fougère aquatique. Un panicule terminal brun regroupe les sporanges. Cette espèce relique a connu les dinosaures. Ne la cueillez et ne pénétrez pas dans cette zone au sol instable et gorgé d'eau.

▶ *Rebroussez chemin pour gravir la petite côte et, à son sommet, prenez à gauche.*

En montant, vous observez que le sol est constitué de galets. Au début du quaternaire, ces derniers ont été transportés, depuis les Alpes, par l'ancien cours du Rhin qui coulait alors vers la

Les familiers du lieu

Buse variable, pic noir, pic épeiche, chouette hulotte, mésanges, sittelle torchepot, troglodyte, roitelet…

Cerf élaphe, chevreuil, sanglier, renard, blaireau, chat forestier, martre…

Grenouille rousse, salamandre, orvet, sonneur à ventre jaune…

Le sonneur à ventre jaune

Ce petit crapaud, au dos gris brun ou olivâtre, exhibe la coloration jaune (ou orangée marbrée de noir) de son ventre et de sa gorge pour avertir ses éventuels prédateurs de sa toxicité. Sa peau sécrète un venin qui peut provoquer des brûlures désagréables. Il convient donc de se nettoyer soigneusement les mains après avoir manipulé cette espèce.

Au cœur de la forêt

Êtes-vous Guêpier ?

Dans le langage des Bons Cousins Charbonniers, ce terme désignait la personne étrangère à la confrérie : celle qui n'en connaissait ni les rites, ni les secrets. Au départ du sentier, avant de suivre les traces de ces hommes des bois, vous n'êtes pas encore initié aux mystères de la forêt. Mais nul doute qu'au terme de cette balade, en ayant observé et respecté la nature, vous pourrez vous prétendre un peu moins Guêpier qu'au départ !

Méditerranée. Ces petites pierres sont de grandes voyageuses. Où les emmènerez-vous en les mettant dans vos poches ?

▸ *600 m plus loin, une sommière (chemin de vidange de bois) vous barre la voie. Prenez à gauche puis à droite pour atteindre la fontaine de la Journaine* ❺.

Sittelle torchepot

Asseyez-vous sur le banc et goûtez à l'eau bienfaisante de la source (utilisez le verre prévu à cet effet). Cette boisson est proche de l'eau distillée, sans aucune minéralisation. Restez silencieux quelques instants pour profiter du calme de la forêt. Le troglodyte mignon et la sittelle torchepot seront alors, pendant un moment privilégié, vos compagnons.

▸ *Continuez le sentier en passant derrière le banc.*

Vous franchissez un petit ruisseau sur un charmant petit pont de bois. Le sentier balisé vous fait traverser un taillis sous futaie peuplé de chênes, de hêtres et de charmes.

▸ *300 m plus loin, vous atteignez l'orée de la forêt.*

Vous observez ici une motte féodale ❻. Il s'agit d'une surface bombée et ronde (la motte) entourée d'un fossé (le vallum). Une palissade de bois cernait cet ensemble défensif (édifié au XIe siècle) qui protégeait bêtes et gens de l'attaque nocturne des loups ou encore des menaces guerrières. Ces premiers castels seront vite abandonnés au profit de structures plus robustes, installées sur des sites difficiles d'accès.
Dans les ornières du chemin, vous découvrirez peut-être un petit crapaud : le sonneur à ventre jaune.

▶ *À ce point du sentier, vous pouvez prendre à droite si vous voulez rejoindre le point de départ (suivez les indications "retour circuit 1"). Sinon, continuez par la gauche, le chemin vous emmène 1 km plus loin à l'oratoire Saint-Thibaud* ❼.

Saint Thibaud est le patron des charbonniers. En 1050, il rencontra des charbonniers "demi-sauvages" en forêt de Chaux. Il leur donna une instruction chrétienne qui contribua à la naissance, plus tard, de la Confrérie des Bons Cousins Charbonniers. Ce mouvement corporatif fut très actif pendant huit siècles. Regardez attentivement la forme de cet oratoire ainsi que les symboles du compagnonnage primitif qui s'y trouvent... De cette observation découlera la connaissance !

▶ *Continuez sur la route forestière goudronnée, vers le sud.*

Vous découvrez à 200 mètres le chêne des filles ❽ ; il témoigne d'un drame survenu en 1785. Lors d'un orage d'été, deux jeunes filles se réfugièrent sous un arbre que la foudre frappa. Les demoiselles furent tuées. Un chêne double poussa alors à cet emplacement, symbolisant les deux victimes.

▶ *Continuez à droite sur le chemin balisé en jaune.*

Alain Goy,
Association des Villages de la forêt de Chaux

Troglodyte mignon

Anthurus des archers

Ce superbe champignon ressemble à un poulpe, rouge tacheté de noir. Les spores de l'anthurus sont arrivés (d'Australie !) avec de la laine au cours de la guerre 1914-1918. Importés d'abord dans les Vosges, ils ont progressivement gagné tout le massif de Chaux. L'anthurus sort de terre sous forme d'un œuf gélatineux. Son odeur est désagréable.

PRATIQUE

À partir de Dole, prenez la direction de Besançon par la N 73. Au village d'Orchamps, tournez à droite sur la D 76, jusqu'à Etrépigney. À partir de l'église, suivez les pancartes "Sentier du Guêpier" et garez-vous au parking.

Le point de départ se situe en lisière de la forêt de Chaux, au parking.

3 heures suffisent pour parcourir cette boucle de 9 km de long. Le terrain est vallonné mais sans difficulté. Chaussez-vous correctement, la terre est collante après la pluie. Le petit circuit a une longueur de 3,5 km (1 h 30). Balisage blanc et vert.

En été et en automne, vous bénéficiez de l'exubérance de la végétation du sous-bois. Du 15 octobre à fin janvier, évitez d'emprunter ce sentier les dimanches et jeudis en raison de la chasse à tir.

À voir : baraques du 14 au village de La Vieille-Loye (baraques bûcheronnes des XVIe et XIXe siècles, ouverture en été 14h-18h30, expositions), église de Chissey-sur-Loue (XIIIe siècle), saline d'Arc-et-Senans, du XVIIIe siècle (site classé au Patrimoine mondial de l'Humanité), Dole ville d'Art et d'Histoire. Tél. office de tourisme de Dole : 03 84 72 11 22.

4,5 km | 2h | Chamblay | Balisage jaune

3 | La "Morte" de **Chamblay**

Au bord de la Morte

Le paysage conserve en mémoire les traces des divagations de la Loue. Il révèle également comment l'homme a exploité les ressources de la rivière et a lutté contre les crues.

Ce parcours lève le voile sur ces relations, parfois conflictuelles et souvent complexes qui unissent les habitants riverains de la Loue au cours d'eau.

▶ *Quittez le village par la rue nouvellement baptisée du "Port aux bois" pour atteindre, justement, l'ancien port de flottage des bois de Chamblay.*

❶ La table de lecture située sur la digue raconte ce que fut l'aventure des Radeliers de la Loue. Ces hommes étaient de véritables gondoliers, menant leurs embarcations – des radeaux – le long des rivières.

❷ En suivant la digue vous arrivez au pont qui démarquait la zone libre de la zone occupée pendant la Seconde Guerre mondiale. À l'aide du second panneau, vous pouvez "lire dans la rivière" les modifications qu'elle a subies.

Loriot

❸ Vous entrez ensuite dans l'intimité de la Morte des Fontaines : la végétation est plus dense, les oiseaux, dont le loriot d'Europe, marquent leur présence par des chants, l'eau est toute proche mais invisible. Les bornes numérotées jalonnent des arrêts pour vous permettre d'observer autour de vous.

Le cours de la Loue

En Franche-Comté, le karst est à l'origine d'un véritable réseau de rivières souterraines disparaissant dans une perte et resurgissant parfois très loin. C'est le cas de la Loue, issue d'une importante résurgence située à 543 m d'altitude à Ouhans. La rivière s'écoule sur 126 km de long avant de rejoindre le Doubs dans la plaine bressanne, en aval de Parcey. Son bassin versant, très vaste (environ 3 000 km^2), représente le territoire sur lequel "toute goutte d'eau qui tombe finira sa course dans la rivière".

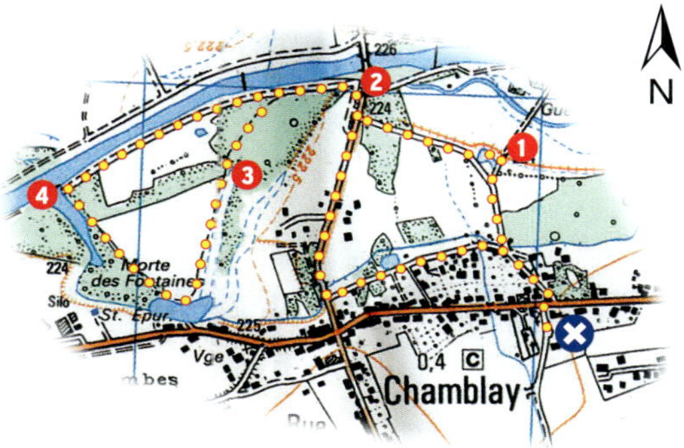

© IGN Paris

Carte IGN 3224 E (1 cm = 250 m)

▶ ❹ *Vous avez atteint le lieu de jonction entre la Morte et la Loue.*

Le milieu est fréquenté notamment par les libellules et la grenouille verte. Une dernière table de lecture apporte une note d'espoir sur l'avenir de la rivière et de sa gestion : très rectifié le cours d'eau ne dessine plus que de très rares méandres qu'un contrat de rivière doit permettre de préserver.

▶ *Le retour au village emprunte le chemin le long de la Loue puis la route.*

CPIE Bresse du Jura

Grenouille verte

PRATIQUE

À partir de Dole, prenez la N 5 jusqu'à Mont-sous-Vaudrey, puis suivez la D 472 en direction de Mouchard, jusqu'au village de Chamblay. Tournez à droite après l'église et garez-vous sur le parking devant la salle polyvalente.

La balade commence au panneau d'accueil, contre l'église de Chamblay.

Comptez 2 heures de marche pour 4,5 km de balade. Le sentier est sans difficulté. Toutefois, des chicanes peuvent bloquer le passage des personnes à mobilité réduite. Suivez le balisage jaune. Équipez-vous de chaussures confortables et de jumelles.

L'été est la meilleure saison pour visiter les bords de Loue. Lors de la montée des eaux, le sentier peut être, en partie, difficilement praticable. Ne vous aventurez pas près de l'eau en période de crue.

Pour plus de renseignements : Communauté des communes du Val d'Amour (tél : 03 84 37 74 74), Grande-Rue, 39380 Chamblay. Vous pouvez vous rafraîchir dans la Loue ou bien encore embarquer sur un canoë pour descendre la rivière (base de loisirs d'Ounans).
À voir : les salines royales d'Arc-et-Senans (inscrites au patrimoine mondial de l'Unesco), les maisons bûcheronnes du 14 à La Vieille-Loye (animations tout l'été).

4,5 km | 2h | Les Deux-Fays | Balisage jaune

4| L'étang **Jacquot**

L'étang Jacquot vous invite à découvrir la richesse des milieux humides

La petite région de la Bresse du Jura dissimule, au sein de ses forêts, de nombreux étangs. Une multitude d'espèces, animales et végétales, souvent très rares ou menacées, y vivent entre terre et eau.

Le sentier Jacquot est à la croisée des mondes bressan et jurassien. Le long de ce parcours, 15 bornes vous interrogent sur les hôtes des lieux ou sur des éléments de l'étang. Si vous avez le livret-guide du circuit, disposez-le sur le pupitre et en rabattant la plaque, vous obtiendrez ainsi la réponse à la question posée. Testez votre sens de l'observation en cherchant à quel oiseau appartient la silhouette dissimulée dans les branches de l'arbre. L'avez-vous reconnue ? C'est une petite chouette chevêche. Désormais soyez attentif et ouvrez l'œil.

▶ *Prenez la route en direction de Sergenaux, puis peu avant la bifurcation, empruntez un chemin empierré sur la droite.*

❶ Si le temps est clair, vous observerez, à l'est, le mont Poupet qui surplombe la ville thermale de Salins-les-Bains. Il culmine à 850 m d'altitude et signale le commencement du premier plateau, première marche pour accéder au Haut-Jura. Il y a moins de 40 millions d'années, après la lente surrection du massif du Jura poussée par le soulèvement des Alpes, le territoire de l'Europe se déchire. À partir de ces fractures, la croûte terrestre s'écarte et est envahie par la mer ou des marais et des lacs. C'est le cas de la Bresse qui s'enfonce lentement et forme, pour un temps, le golfe bressan, dont le Revermont et les falaises de la Côte d'Or sont les rives. La Méditerranée remontait alors jusqu'à Lons-le-Saunier ! Il y a 10 millions d'années, elle se retire, au moment de la deuxième surrection (très forte) du Jura et des Alpes, remplacées par des étendues marécageuses

Le geai des chênes est aussi appelé Jacquot

Jacquot

Au moindre danger, le geai des chênes alerte les habitants de la forêt par son cri rauque et pénétrant. Cet oiseau est, ici, également nommé "Jacquot" ; il a peut-être donné son nom à l'étang. Les forestiers l'appellent le "reboiseur". Ils pensent, que le geai est responsable de 60 % des régénérations naturelles du chêne. Chaque année, il enterre près de 5 000 glands dans le sol ou sous les feuilles. Il en oublie un grand nombre, puisque la moitié des glands cachés donnent une pousse !

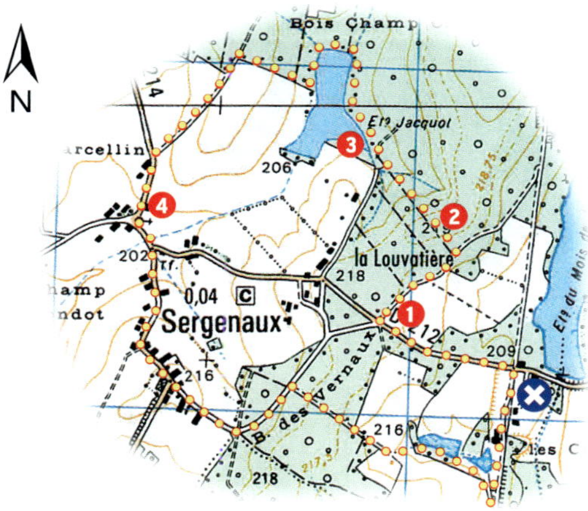

© IGN Paris
Carte IGN 3225 O (1 cm = 250 m)

Les familiers du lieu

Foulque, grèbe castagneux et grèbe huppé, héron cendré et héron pourpré, poule d'eau, balbuzard pêcheur, faucon crécerelle, chouette chevêche, pic épeiche, geai des chênes…

Sanglier, martre, écureuil…

Grenouille rousse, triton alpestre et triton palmé…

Agrion, demoiselle, libellule, toutes les p'tites bêtes de l'étang…

Carpe, brochet, gardon, tanche…

et lacustres. Cette dernière poussée plisse les calcaires à l'est et forme le Haut-Jura. À l'ouest, les calcaires se fracturent et se disposent en plateaux, grandes marches d'escalier descendant vers la plaine de Bresse.

▶ *Poursuivez sur le chemin jusqu'à ce qu'une flèche vous indique d'entrer dans la forêt sur votre gauche.*

❷ Vous pénétrez dans le premier milieu caractérisant la Bresse, la forêt. Elle eut et a encore aujourd'hui un rôle prépondérant dans l'implantation de l'homme sur ce territoire. Après divers mouvements et alternances de périodes chaudes et froides, la Bresse redevient un immense lac (il y a 200 000 ans). Petit à petit, le lac est comblé par des dépôts apportés par les eaux. Le chasseur-cueilleur des premiers âges pénètre dans ces nouveaux marécages où s'installent sur un sol maigre lichens, mousses et plantes herbacées. Le réchauffement du climat favorise d'abord la pousse en bosquet épars des bouleaux et des saules, puis la constitution de forêts auxquelles s'ajoutent des pins. C'est seulement après qu'apparaissent chênes, ormes, tilleuls, érables et frênes, supplantant les pins.

Il y a 6 000 ans, les premiers agriculteurs se fixent dans ces massifs diversifiés. L'homme joue, pour la première fois, un rôle dans l'évolution de la végétation. Une opposition naît entre la montagne où continuent à vivre des chasseurs-cueilleurs et

La grenouille rousse est l'une des espèces emblématiques des étangs de la Bresse

Saut

Frai

Carpe

La remontée des caisses de poissons

À la pêche

Les étangs de Bresse sont exploités pour l'élevage de carpes, brochets, gardons et tanches. Leur pêche a lieu, en général, à la fin de l'automne ou en hiver, selon des méthodes immuables. Les vannes sont ouvertes quelques jours avant pour qu'il ne subsiste qu'une poche d'eau, la poêle, au moment de la prise. Les pêcheurs rassemblent les poissons à l'aide d'un long filet lesté de plomb et les sortent à l'épuisette. Puis ils sont transportés sur la table de triage et séparés selon les tailles et les espèces.

Le CPIE Bresse du Jura

Ce Centre Permanent d'Initiatives pour l'Environnement agit pour une meilleure prise en compte de notre environnement sur et pour le territoire. Ses actions sont concrètes et dirigées vers tous les publics. Il propose des animations dans le milieu naturel pour les enfants (cadre scolaire ou de loisirs). Le CPIE forme les adultes aux métiers de l'éducation à l'environnement. Il aménage et gère des sites naturels comme l'étang Jacquot et crée les outils pédagogiques pour y accueillir le public : cahier des enfants, dossier enseignants, bornes et panneaux, dépliants, expositions…

Renseignements : CPIE Bresse du Jura • Maison de la Nature • 39140 Arlay
Tél. 03 84 85 12 75 • www.cpie-bresse-jura.org

les terres de basse altitude où les hommes innovent sur le plan agricole : défrichements et cultures sur brûlis, pâturage des animaux domestiques dans les sous-bois.

▶ ❸ *À la sortie de la ligne forestière, vous allez enfin rencontrer le second élément de la Bresse, l'étang.*

"*Cet artifice par lequel on assemble les eaux et on les retient est extrêmement utile, parce que ces eaux rendent le fond où elles ont croupi gras et fertile, sans autre fumier ou amendement. On y met du poisson qui croît, se nourrit, s'augmente et s'engraisse en peu de temps et s'y multiplie à l'infini.*" C'est ainsi qu'un auteur du XVIIe siècle a vu, au fond des étangs, la multiplication des… poissons ! Une multitude de petites bêtes aquatiques sont présentes : libellules, gyrins, notonectes, dytique… Un grand rapace, le balbuzard pêcheur, fréquente les lieux au printemps.

Vous êtes au niveau de la queue de l'étang. Tentez de comprendre comment l'homme guide les eaux de ruissellement et de source dans une "cuvette", un petit val. Cette dépression est ensuite barrée artificiellement par une digue en terre dans laquelle est installée une vanne qui permettra la vidange de l'étang pour la pêche. La nature argileuse du sol rend le fond de l'étang imperméable, l'eau ne s'infiltre pas.

Balbuzard pêcheur

▶ *Suivez le sentier ; jouez et observez. Après avoir fait le tour de l'étang, remontez le long de la lisière forestière du Bois Champ Canty. Au niveau du chemin, prenez à gauche vers le village.*

❹ Ceinturé par la forêt, le village-clairière de Sergenaux bénéficie d'une topographie variée qui permet d'en déterminer facilement les limites. Les relations de l'homme avec la nature qui l'environne ont façonné ce paysage. Il reste moins de 50 habitants à Sergenaux, alors qu'une centaine de personnes y vivait au début du XXe siècle et près de 170 vers 1850. Mécanisation de l'agriculture, exode rural… Bien des facteurs ont contribué à réduire la population. Pourtant, le paysage est resté ce que les pionniers en ont fait. Outre l'agriculture deux éléments récents s'y ajoutent : les parcelles défrichées ne sont pas reboisées et, d'autre part, le remembrement n'a pas eu les effets visibles ailleurs : orge, avoine, maïs, foin et pâture agencent encore cette mosaïque de couleurs. Dans le village, vous découvrirez les fermes bressanes avec dans la cour, les noyers, les puits et les fours, parfois à demi-recouverts par le lierre.

▶ *Après avoir traversé le village, poursuivez votre rencontre avec les étangs en revenant vers le parking.*

CPIE Bresse du Jura

L'habitat bressan

Les maisons de ferme étaient traditionnellement construites avec les matériaux trouvés sur place : la pierre des carrières, le bois de la forêt. Ici donc, le bois servait à l'ossature, la terre crue ou cuite au remplissage, et le chaume à la couverture des toits. Autrefois, ces maisons à pans de bois, d'une construction simple, permettaient une certaine mobilité. On pouvait les démonter comme un jeu de construction et les rebâtir plus loin.

PRATIQUE

À partir de Dole, prenez la D 475 en direction de Lons-le-Saunier. À Tassenières, rejoignez, à droite, les Deux-Fays, par la D 9 et la D33. Au village, prenez à droite après l'église la route de Sergenaux. Après les dernières maisons, poursuivez jusqu'au parking de l'ancienne gare sur la gauche. Garez-vous.

Le sentier commence au panneau d'accueil sur lequel se découpe la silhouette d'un geai.

Comptez entre 1h30 et 2h30 de balade. La boucle fait 4,5 km, mais vous avez la possibilité de rejoindre le parking plus rapidement en prenant la route des Deux-Fays, une fois arrivé au village de Sergenaux. Le sentier est balisé à la peinture jaune. Un dépliant interprète ce circuit, servez-vous dans le distributeur (sur le panneau) ou bien demandez-le au CPIE Bresse du Jura (tél. 03 84 85 12 75). Le sentier est très facile mais certains passages en forêt peuvent être humides par temps de pluie. Équipez-vous de bottes.

À chaque saison, la Bresse et ses étangs regorgent de vie. Si vous souhaitez assister à une pêche d'étang, c'est à l'automne qu'il faut venir.

Un circuit de découverte des étangs commence également de l'ancienne gare des Deux-Fays. Plusieurs panneaux ponctuant le parcours racontent la vie secrète de ces espaces.
À voir : écomusée de la Bresse bourguignonne à Pierre-de-Bresse, les villes de Dole et de Lons-le-Saunier, la Maison de la Nature, l'aire du Jura (petit musée sur place) et le centre Jura Faune à Arlay. Renseignements à Syndicat d'initiative Bresse du Jura, 16 Place de la Gare, 39140 Bletterans, tél. 03 84 48 68 21.

1 km | 1h | Salins-les-Bains | Balisage jaune

5| Les passages du **mont Poupet**

Le mont Poupet, au-dessus de Salins-les-Bains

Avec ses forêts et ses pentes abruptes, le mont Poupet est l'un des plus beaux sommets à la frontière du Jura. Il domine de 500 m la vallée de la Furieuse.

▶ *Le panneau d'information situé à l'entrée du parking vous indique le départ de la balade. À la sortie du parking, le sentier longe la route sur 100 m en montant. Quittez-le à gauche pour rejoindre, à travers un sous-bois, la Croix du Poupet.*

Deux tables de lecture jalonnent cette grimpée. Les sous-bois abritent tout un cortège de plantes qui préfèrent l'ombrage et la fraîcheur, protégées par le toit naturel des arbres. Cherchez la mercuriale, le raisin du renard avec ses quatre feuilles ou la réglisse des bois, accrochée aux roches.

▶ *Le sentier vous mène à l'un des trois sommets du mont Poupet.*

Ce belvédère surplombe la vallée de la Furieuse. Ici, le regard porte des Alpes aux Vosges. Sur ses corniches poussent les "pompons" aux fleurs roses de l'anthyllis des montagnes.

Trois tables de lecture et une table d'orientation vous content l'histoire de ce paysage. Ces rochers d'où viennent-ils ? Comment l'homme a-t-il fortifié la ville de Salins-les-Bains ? Quelles étaient les relations

Anthyllis des montagnes

Le pompon du Poupet

Les fleurs roses de ce pompon (Anthyllis des montagnes) s'épanouissent de mai à juin. Elles sont cueillies en grandes quantités pour préparer une infusion locale : le thé du Poupet. Mais gardons-nous de cueillir toutes les fleurs de la plante si nous voulons la voir prospérer. Son feuillage gris bleu, couvert de poils soyeux se remarque aisément à la base des rochers ou dans l'herbe rase.

© IGN Paris

Carte IGN 3325 0 ⚠ (1 cm = 150 m)

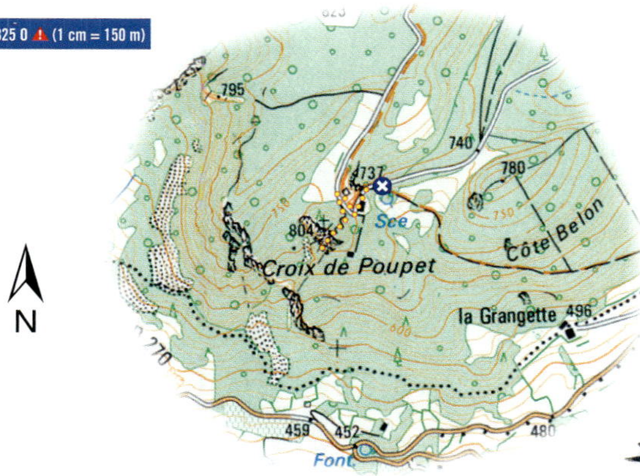

avec Arc-et-Senans pour l'exploitation du sel ? Comment l'homme utilise-t-il aujourd'hui les courants (d'air) générés par le paysage ?

Le mont Poupet fut et est encore le témoin de nombreux passages. Celui de vent : c'est un point de départ pour les delta-planes et pour les oiseaux planeurs. Celui de l'eau : un ancien saumoduc (qui conduit le sel) relie Salins-les-Bains à Arc-et-Senans ; une rivière, la Furieuse passe ici. Enfin, le mont Poupet est longtemps resté un passage à protéger comme en témoignent les forts qui se dressent autour.

▶ *Le retour se fait par le même chemin, en descendant.*

CPIE Bresse du Jura

Vous verrez peut-être planer le milan royal

PRATIQUE

À partir de Salins-les-Bains, suivez la D 492 en direction de Nans-sous-Sainte-Anne sur 3 km. Puis prenez à gauche la D 273 vers le mont Poupet sur 1 km. Tournez de nouveau à gauche sur la route forestière qui monte pendant 2 km environ jusqu'à un parking goudronné sur la gauche.

Le sentier débute au parking.

La balade est courte (1 km aller-retour) mais la pente est raide (dénivelé de 75 m) et, sur le sentier, les rochers peuvent être glissants s'il pleut. Si la distance vous paraît trop courte, vous pouvez partir de Salins-les-Bains : balade de 10 km (5 à 6 heures) en terrain moyennement accidenté ; départ au centre-ville. Renseignements : Communauté de Communes Arbois, Poligny, Salins – Cœur du Jura. Tél. 03 84 73 77 58

Praticable en toute saison mais évitez les journées pluvieuses ou embrumées.

À voir : reculées d'Arbois et de Poligny, salines royales d'Arc-et-Senans, salines de Salins-les-Bains, le fort de Saint-André et le fort Belin. Tél. office de tourisme de Salins-les-Bains : 03 84 73 01 34.

6 km | 2h30 | Pupillin | Balisage jaune

6| En traversant le vignoble de **Pupillin**

Vendanges à Pupillin

C'est pendant la traditionnelle fête du Biou – la fête de la vendange – qu'il faut découvrir les vignes, les vins et les artisans du vignoble de Pupillin.

▶ *Prenez la rue du Chardonnay, qui part en face de la fruitière vinicole, puis après 100 m, tournez à gauche dans la rue des Groseilles. Poursuivez par la rue à droite, qui passe devant la fontaine de Ferrières et l'oratoire Saint-Léger.*

❶ Une fougère, la scolopendre, ou langue de cerf, a élu domicile sur le muret de la fontaine.

▶ ❷ *À la patte d'oie suivante, prenez le chemin de gauche.*

▶ ❸ Au poteau «La Massette», prenez la direction «Mioheru».

▶ ❹ *Au poteau «Mioheru», prenez la direction «La Ronde».*

▶ ❹ *Bifurquez à droite. Plus loin, empruntez le chemin des Treize Vents, qui vous ramène à votre point de départ.*

Lézard des murailles

Pupillin tire sa réputation de son vignoble : près d'une centaine d'hectares situés dans la zone d'appellation contrôlée Arbois. La qualité de ses produits a fait du village la capitale mondiale du ploussard, cépage à vins rouges. Certains disent même : "à Arbois le renom et à Pupillin le bon" ! Mais restons-en là, et rejoignez plutôt les vignerons dans leurs caves. Ils vous conteront leur métier, leur passion et vous feront découvrir la gamme complète de leurs vins.

CPIE Bresse du Jura / Comité Départemental du Tourisme

Jolie fougère

La scolopendre est également appelée «langue de cerf», en raison de ses frondes allongées en forme de ruban, dont la longueur (jusqu'à 60 cm) est tout de même supérieure ! Cette fougère se rencontre en des lieux ombragés dans les forêts en pente, les ravins, sur le bord des ruisseaux ou même entre les pierres des vieux murs. Très décorative, elle est aussi appréciée pour l'ornementation.

© IGN Paris

Cartes IGN 3225 E et 3325 OT (1 cm = 300 m)

Petite tortue

PRATIQUE

À partir d'Arbois ou de Poligny, prenez la N 83 (Besançon / Lons-le-Saunier) jusqu'à Buvilly puis tournez vers Pupillin par la route des vins du Jura. À Pupillin, garez-vous au centre du village, devant la fruitière vinicole.

Le sentier part du parking de la fruitière vinicole.

Comptez 2h30 heures de marche pour 6 km de balade. Le sentier est de difficulté moyenne, balisé en jaune. Équipez-vous de bonnes chaussures de marche et d'une réserve d'eau.

Le troisième dimanche de septembre pour la fête du Biou, et pendant toute la période des vendanges.

À voir : Arbois pour ses vins, son architecture, son histoire, la maison de Pasteur…
Tél. office de tourisme : 03 84 66 55 50. Découvrez la route des Vins du Jura en voiture.

5 km | 1h45 | Château-Chalon | Balisage jaune

7 Les trésors du rocher de **Château-Chalon**

Le vignoble de Château-Chalon, paré de ses couleurs automnales

Ce sentier vous invite à parcourir le vignoble de Château-Chalon, bastion du célèbre vin jaune. Les fossiles, nombreux, sont les autres trésors de cette terre.

Vous partez du village-sentinelle de Château-Chalon, hardiment accroché au rocher. La découverte du vignoble, mais aussi la recherche des fossiles enfouis dans les marnes sont les buts de cette balade.

▶ *Le circuit vous entraîne sur la route de Voiteur, que vous quittez pour descendre sur la gauche dans un chemin.*

À la sortie du sous-bois, le domaine des vins de prestige s'offre à vous. ❶ Les vignes tout autour, de Ménétru-le-Vignoble (en face de vous) à Nevy-sur-Seille en passant par Domblans et Voiteur (en bas), sont les seules à fournir le raisin du vin de garde qu'est le château-chalon.

▶ ❷ *En suivant à gauche les chemins de vigne, vous arrivez ensuite au pied de la falaise.*

Vulcain

Ici, la roche se délite, se fracasse, mais découvre également ses secrets ! Remarquez l'alternance entre le calcaire et les marnes. Le premier laisse l'eau le traverser, les autres, imperméables, rassemblent et conduisent l'eau plus loin, vers l'extérieur.

▶ *Soyez prudent et restez sur le sentier balisé.*

Au fond de la mer…

❸ Plus loin, les vignes libèrent de surprenants petits cailloux pointus : ce sont des rostres de bélemnites, un céphalopode

Farfouille

Pas besoin de loupe pour jouer au détective, un peu de souplesse et d'attention suffisent. Dans ces sols bleu gris, qui collent un peu aux doigts, recherchez d'abord des marnes. Elles datent du fameux jurassique (ère secondaire). Les sédiments se déposaient alors lentement au fond de la mer. Au milieu des débris et des cailloux, se cachent de petits fossiles.

© IGN Paris

Carte IGN 3226 ET (1 cm = 250 m)

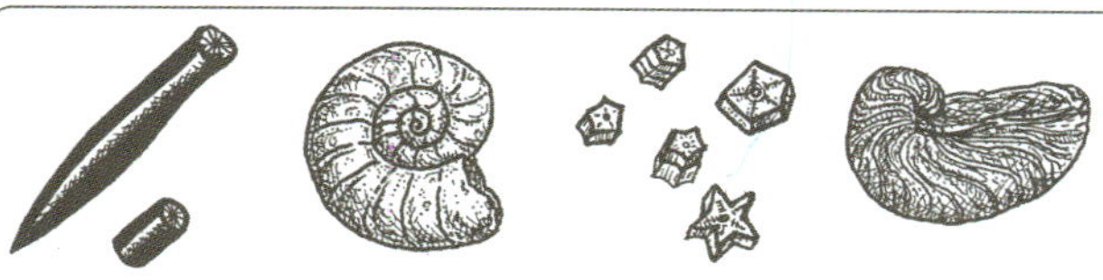

Bélemnite *Ammonite* *Encrine* *Gryphée*

Tous ces fossiles sont d'origine marine, la plupart sont des coquilles de gastéropode ou des restes de squelette interne d'autres invertébrés.

marin, proche de l'actuel calmar, qui s'est éteint en même temps que les dinosaures.

▶ 4 *Remontez jusqu'au village par un sentier qu'empruntent encore quelques fois les vendangeurs. La pente est raide, mais l'accès au village se mérite !*

CPIE Bresse du Jura

PRATIQUE

À partir de Lons-le-Saunier, prenez la D 70 jusqu'à Voiteur, puis empruntez la D 5 pour atteindre Château-Chalon. Prenez la première rue à droite après l'entrée du village et garez-vous sur le parking.

Le sentier débute au parking.

Comptez 1h45 de marche pour 5 km de balade. Le sentier est de difficulté moyenne ; il est balisé en jaune. Équipez-vous de bonnes chaussures de marche et d'une réserve d'eau.

Le printemps, pour la vigne verte, et l'automne, pour les vendanges, sont les périodes les plus favorables pour découvrir ce site prestigieux. Évitez les mois de juillet et d'août : il fait chaud au milieu des vignes et le village de Château-Chalon est très fréquenté.

Il existe un dépliant d'interprétation de ce circuit, demandez-le à l'office de tourisme (tél. 03 84 44 62 47), place de la Mairie, à Voiteur.
De retour au village, n'oubliez pas de visiter les caves des vignerons. Ils vous offriront une dégustation de leurs meilleurs crus. À voir également : la reculée de Baume-les-Messieurs, les cabanes de berger sur le premier plateau (le circuit de La Marre), les panoramas des belvédères.

6 km | 3h | Baume-les-Messieurs | Balisage jaune

8 Les secrets de **l'eau** et du **calcaire** dévoilés !

Vue sur le site de Baume

Falaises vertigineuses, belvédères et grotte vous attendent à Baume-les-Messieurs. Vous suivrez aussi le cours du Dard : le ruisseau jaillit au fond de la reculée, semblant resurgir du bout du monde.

Au cours de cet itinéraire, vous allez déchiffrer les interactions parfois agressives, entre l'eau et le calcaire, deux éléments majeurs dans la constitution du relief du Jura.

▶ *Après avoir franchi le pont surplombant le Dard, engagez-vous sur un petit sentier serpentant entre les blocs de pierre, pour franchir la falaise. Vous empruntez un sentier au balisage blanc et rouge pour la montée. Soyez prudent.*

❶ Constitués de blocs et de pierres mêlés, ces éboulis offrent de bien austères conditions à leurs hôtes. L'alternance du gel et du dégel de l'eau prisonnière dans chaque fente, provoque l'éclatement des roches. Sous l'effet de l'érosion, un simple morceau de roche, un bloc, et parfois même un pan entier de la falaise se détache alors pour constituer ce pierrier. Ici, l'exposition au soleil, l'absence d'humus, la perméabilité du sol, l'instabilité des pierres qui roulent constituent de bien piètres conditions à la vie. Et pourtant à bien y regarder ce désert n'est pas si vide. Des lichens, association d'algue et de champignon, se marient avec le minéral. Les mousses se cramponnent ensuite, et logées dans des interstices, elles retiennent petit à petit une pellicule de sol. Les végétaux plus exigeants peuvent alors s'installer : orpin, sédum,

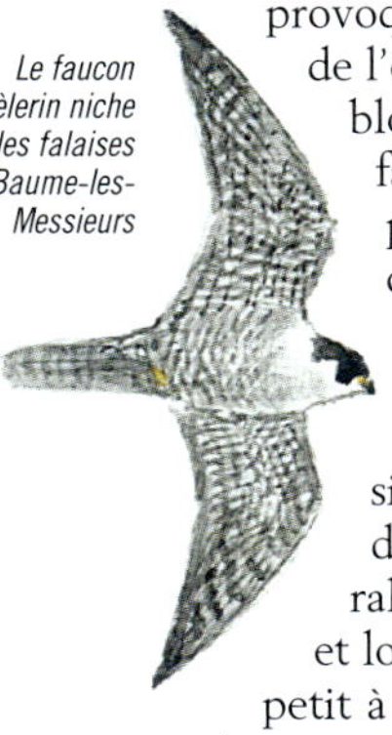

Le faucon pèlerin niche sur les falaises de Baume-les-Messieurs

Des moines aux messieurs

Au milieu du Vᵉ siècle, dans la reculée de Baume, existe déjà une dépendance monastique. Elle se développe à la fin du IXᵉ siècle avec l'abbé Bernon (qui fonda notamment l'abbaye de Cluny). En 1759, Baume-les-Moines cède la place à Baume-les-Messieurs : l'abbatiale devient une collégiale de chanoines séculiers (les messieurs). Au cœur de l'abbaye, l'église Saint-Pierre offre un bel exemple du premier art roman jurassien.

saxifrage... Puis, au prix d'efforts lisibles dans leurs formes tortueuses, quelques arbustes, téméraires, allongent leurs racines entre les blocs vers un espoir de sol nourricier et humide.

▶ ❷ *Après avoir franchi les "échelles de Sermu", vous atteignez le premier plateau du Jura.*

Vos efforts vont être récompensés par la beauté des paysages.

▶ *Poursuivez la balade entre les prés, en bordure de falaise, puis sur la route jusqu'au belvédère des roches de Baume.*

© IGN Paris

Carte IGN 3226 ET (1 cm = 250 m)

❸ La reculée de Baume, profonde entaille dans le plateau jurassien, permet ici une lecture de son paysage. Le phénomène de formation des reculées est extraordinaire (schéma p. 35). Tout d'abord, des roches sédimentaires, où alternent calcaires et marnes, se superposent en un monumental mille-feuilles lithographique. Puis des mouvements tectoniques fendent et fracturent verticalement ces couches. C'est alors qu'intervient l'érosion avec un outil indispensable, l'eau sous forme de circulations aériennes et souterraines. Creusé par le haut et par l'intérieur, le plateau calcaire s'effondre petit à petit depuis son rebord, entaillé de plus en plus loin par l'écoulement des eaux. La vue s'ouvre ici sur toute la reculée. C'est à cet endroit que vous apercevrez en vol des martinets alpins, le grand corbeau ou encore des rapaces.

❹ La descente est aussi vertigineuse que la montée. Au pied de la falaise, la grotte de Baume est un trésor d'émerveillement issue du combat livré entre la roche et l'eau. L'intérieur du plateau est en effet un véritable labyrinthe. Les acides de l'eau de pluie dissolvent sans relâche les calcaires. Les failles et les fissures s'élargissent, des cavités se développent. Dans

Les familiers du lieu

Martinet à ventre blanc, faucon pèlerin, grand corbeau, hirondelle des rochers, milans (noir et royal), choucas des tours, cincle plongeur...

Chevreuil, hérisson, écureuil, chauves-souris, chat forestier...

Chabot, truite fario...

Naissance du relief jurassien

Il y a 200 000 ans, une calotte glaciaire s'étend sur tout le Jura. Des milliers d'années durant, les glaciers avancent, rabotent la pierre, creusent des vallées, dégagent des falaises. Quand le climat se réchauffe, quand la douceur océane baigne la région, ils fondent, inexorablement. L'eau libérée (en masse) s'écoule, s'infiltre et ronge le calcaire dans des proportions égales à la taille de ces monstrueuses mers de glace.

Grand corbeau

Des pieds et des mains

Étrange mammifère que la chauve-souris, capable de voler avec "ses mains", de "voir" avec ses oreilles et de s'accrocher par les orteils pour dormir. Neuf espèces prennent leurs quartiers d'hiver à l'intérieur de la grotte de Baume. Elles se répartissent sans heurt le long des parois, selon leurs exigences écologiques : température, hygrométrie, lumière ou structure du substrat. Observez, lors de votre visite dans la grotte, les empreintes de leurs corps laissées sur la roche.

les salles, des concrétions et des tas de décombres se forment. L'eau effectue un long voyage souterrain : elle se glisse dans des calcaires jusqu'à rencontrer une couche imperméable. S'écoulant alors le long de cette épaisseur, elle arrive ici à l'air libre. Ainsi, au fil du temps, se forme le karst.

Martinet alpin

❺ En suivant le Dard depuis sa résurgence vous découvrez d'étonnantes cascades. Elles témoignent d'un phénomène géologique très actuel. L'eau en parcourant de longues distances à travers le plateau se charge de calcaire, par dissolution de la roche. Lorsqu'elle réapparaît à l'air libre, le calcaire dissout précipite et compose au pied de la cascade une nouvelle roche : le tuf. Les algues et les mousses aquatiques, en absorbant le gaz carbonique de l'eau, favorisent le phénomène et se trouvent piégées dans le calcaire. Cette réaction chimique a la particularité de faire avancer la cascade et non pas de la faire reculer sous l'action érosive de l'eau. La source est alors incrustante, tout comme le tartre se plaque dans vos robinets !

▶ ❻ *Descendez les marches à même le tuf.*

À gauche, une pelouse ensoleillée est couverte de petites fleurs aux couleurs pastels : des orchidées sauvages. Elles sont menacées par la destruction de leur habitat et par les collectionneurs ! Les orchis possèdent deux racines tubérisées. L'une grossit en se gorgeant d'amidon en été et nourrira la plante l'année suivante. L'autre, flétrie à la fin du printemps, utilise les réserves accumulées les mois précédents pour nourrir la plante actuelle.

Pipistrelle

▶ ❼ *Revenez vers le village par un sentier étroit le long de la rivière.*

Un cincle, rapide et discret, vient de plonger au fond de l'eau à la recherche de larves. Plus

La formation d'une reculée

Les mouvements tectoniques fendent et fracturent verticalement les couches de roches sédimentaires.

Érodé par l'eau (circulations souterraines et aériennes), le plateau se creuse puis s'effondre petit à petit.

L'intérieur du plateau, entaillé de plus en plus loin par l'écoulement des eaux, devient un véritable labyrinthe.

loin, vous retrouvez les éboulis et autres pierriers Restez vigilant, les cailloux roulent sous les pieds. Au village, ne manquez pas de visiter l'abbaye.

CPIE Bresse du Jura

Cincle plongeur ou merle d'eau

PRATIQUE

À partir de Lons-le-Saunier, prenez la N 83 en direction de Besançon sur 10 km, puis suivez Baume-les-Messieurs par Voiteur (D 70). Tournez à droite pour atteindre Baume-les-Messieurs.
Dans le village, garez-vous sur le parking de l'abbaye.

Le sentier débute au parking de l'Abbaye. Suivez les flèches "le Dard".

Comptez entre 2h30 et 3h de marche pour 6 km. Le sentier présente quelques difficultés : forte dénivellation et sol caillouteux. Équipez-vous de bonnes chaussures de marche, de jumelles, d'une réserve d'eau et d'argent pour visiter la grotte (environ 5 €).

Le printemps et l'automne sont les périodes les plus favorables pour découvrir ce site prestigieux, très fréquenté en été.

Un dépliant interprète ce circuit, demandez-le à l'office de tourisme (tél. 03 84 44 62 47), place de la Mairie, à Voiteur.
À voir : l'abbaye impériale de Baume-les-Messieurs, le village de Château-Chalon (balade 7), les cabanes de berger sur le premier plateau (le circuit de La Marre), les panoramas des belvédères.

4 km | 1h30 | Lons-le-Saunier

9 | Sur les pelouses du **plateau de Mancy**

Sur le plateau de Mancy, au sud de Lons-le-Saunier

Le plateau de Mancy, riche de nombreuses espèces végétales et animales, offre une vue panoramique sur le bassin lédonien et sur la plaine de Bresse.

▶ *Partez au niveau du panneau d'accueil de la réserve naturelle* ❶.

Vous atteignez le plateau de Mancy en suivant le sentier thématique. Vous découvrez d'abord la forêt ❷ et les animaux présents dans cet espace quasi-urbain, pourtant préservé : pic épeiche, chevreuil, écureuil.

Vous verrez les pelouses sèches du plateau en sortant de la forêt ❸. Les prairies, clôturées, sont entretenues par un troupeau de chevaux koniks. Cette race rustique limite par le pâturage, le développement de végétaux envahissants comme la ronce ou l'épine noire. Le maintien d'une faune variée et des fleurs les plus rares (orchidées notamment), sensibles à l'embroussaillement, est ainsi assuré. Même habitués aux visiteurs, ces chevaux restent méfiants. Ne cherchez pas à les approcher ou à les nourrir.

Pic épeiche

▶ *Suivez le chemin tracé dans le pâturage.*

La vue s'étend jusqu'aux monts de Bourgogne, par-delà la Bresse.

▶ ❹ *Au poteau « Macornay Mancy », dirigez-vous vers « Les Portes de Mancy »*

La réserve naturelle volontaire du plateau de Mancy a été créée, en 1996, à l'initiative des communes de

Chevaux koniks

Ledo, ledonia, lédonien

Le qualificatif "lédonien" vient de ledonia, une source d'eau salée découverte par les Romains. Elle a aussi donné son nom à la ville de Lons (*ledo*). La région lédonienne fut longtemps productrice de sel.

Lons-le-Saunier et de Macornay. Sa gestion est assurée par l'ONF. Un peu plus de 700 espèces d'insectes, 300 de plantes et 60 d'oiseaux y ont été recensées !
Vous dominez Macornay et le val de Sorne en arrivant vers une ancienne carrière, exploitée jusqu'aux années 1930.
❺ La pierre extraite a servi au pavage des rues de Lons-le-Saunier. Le site est aujourd'hui utilisé comme école d'escalade.

© IGN Paris

Carte IGN 3226 O (1 cm = 250 m)

► *Rejoignez le parking en empruntant le chemin d'accès au relais, interdit aux véhicules* ❻.

Au-delà du vallon, sur votre droite, se trouve Montaigu, le village natal de Rouget de Lisle, l'auteur de la *Marseillaise*. Vous pourrez y admirer un très vieux chêne, "le solitaire".

Michel Joly, ONF / Comité Départemental du Tourisme

Ophrys bourdon

PRATIQUE

À Lons-le-Saunier, prenez la D 117 vers Macornay. Après le pont SNCF, tournez à gauche puis à droite en direction du lycée agricole de Mancy ; prenez la première rue à droite après le lycée. Le parking est à 100 m.

Départ de la balade à l'entrée du site, signalée par un panneau d'information de la réserve naturelle.

Comptez 1h30 pour 4 km. L'itinéraire est praticable par tous.

Le printemps est la période la plus intéressante pour la floraison.

À voir : les collections du Musée des Beaux-Arts de Lons-le-Saunier
Tél. : 03 84 47 64 30..

5 km | 2h | Besain | Balisage : plaques « Cro-Cro »

10 Sur le lapiaz des **Malrochers**

Dans les labyrinthes du sentier

La forêt des Moidons cache en son sein un lapiaz, une dalle calcaire érodée, dont le seul nom, Malrochers, évoque un paysage tourmenté. Vous découvrirez sa flore originale, sa faune spécifique et ses curiosités géologiques.

Vous vous situez à une altitude moyenne de 550 m sur un lapiaz, une formation karstique due à l'érosion et la dissolution du calcaire par les eaux de ruissellement. Le plateau sculpté, façonné, ciselé par les glaciations, l'action chimique et physique de l'eau et de la forêt offre ici un éventail de phénomènes remarquables (plus de 800 cavités : gouffres et grottes répertoriés) qui donnent au site un aspect magique et féerique.

▶ *Commencez votre balade par la boucle sud du sentier.*

Cette boucle, jalonnée de gouffres profonds et de dolines rocheuses, vous conduit sur les traces des charbonniers à la "Fontaine à Coupot" ❶ dont les 24 marches taillées permettent de descendre, à -11 m de profondeur, jusqu'au seul point d'eau permanent du lapiaz. Mousses, lichens, oxalide petite oseille, polypode, scolopendre, moehringie… tapissent les parois du gouffre. Dans la forêt, prêtez l'oreille au chant du coucou, au cri d'alerte des geais et au tambourinement des pics.
À travers les sapins pectinés, admirez le travail de ciselage de l'eau sur les diaclases, agrandies à partir des fissures de la roche. Dans les clairières, au printemps, l'aubépine, les clématites et les troènes apportent leur parfum envoûtant.

Vous verrez les fruits de l'aubépine à partir du mois de septembre

▶ *Vous arrivez au "gouffre pédagogique"* ❷.

Dans cette vaste cavité, les spéléologues s'initient aux techniques verticales d'exploration souterraine.

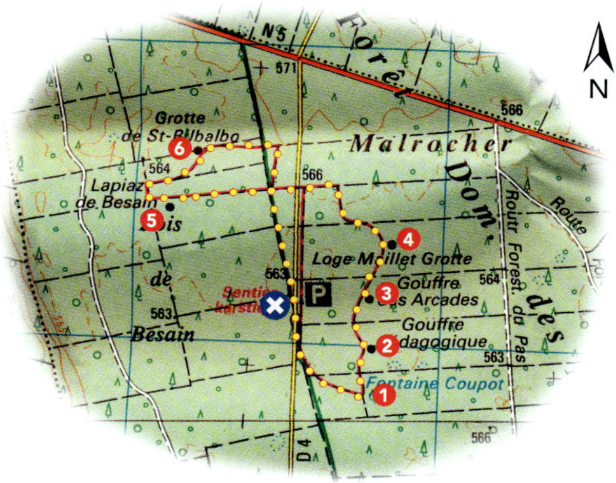

© IGN Paris

Carte IGN 3325 OT (1 cm = 250 m)

Bordé d'inquiétants monstres de pierre, le sentier vous conduit au gouffre des Arcades ❸ avec son abri néolithique où la flore est toujours abondante. Remarquez une station de daphné (bois joli). Pour y accéder, vous pouvez suivre "le serpent de pierre" (jeu d'équilibre !) et ses "prisons" (gare à la chute !) : 100 m de cheminement sur des rochers, aménagés de façon ludique. La gélinotte évolue souvent dans les taillis environnants. Vous l'entendrez peut-être mais vous aurez beaucoup plus de mal à la voir. Ne la dérangez pas.

▶ *Vous atteignez bientôt la Loge à Maillet ❹.*

Elle fut naguère le refuge d'ermites et de brigands, voire même celui du lynx... Une traversée de cette grotte (30 m de long) est possible en empruntant un étroit couloir bas et argileux jusqu'à une escalade (corde utile) qui permet de ressortir par un petit gouffre voisin.

▶ *Continuez votre balade par la boucle nord du sentier.*

❺ La boucle nord offre, sur un secteur très localisé du lapiaz, ses "labyrinthes" extraordinaires où, sur les traces de Thésée, vous suivez le "fil d'Ariane". Une dizaine d'itinéraires balisés, traversent un labyrinthe minéral, où, selon votre gabarit, vous vous faufilez entre les lames et sous les dalles rocheuses... Respectez les mousses, les lichens et les fougères qui tapissent cet univers. Tout au long du parcours, une soixantaine de curieuses figures de pierres, suggérant des animaux mythiques et des monstres fabuleux agrémentent la traversée, apportant une touche ludique très appréciée des enfants.

Les familiers du lieu

Coucou, geai des chênes, pics, mésanges, chouette hulotte, hibou moyen-duc...

Loir, lynx, chat forestier, chamois, chevreuil, chauves-souris...

Tête de lynx

Grand rhinolophe

Oreillard, vespertilion, sérotine...

La Franche-Comté n'accueille pas moins de 27 espèces de chauves-souris, sur 29 espèces connues en France. La forêt et le lapiaz offrent de nombreux gîtes (grottes, gouffres, fissures...) où elles peuvent s'abriter, se reproduire et hiberner. Au fil des saisons, on peut rencontrer dans les cavités : petit et grand rhinolophe, grand murin, vespertilion de Daubenton, oreillard... et dans les arbres creux : noctule, sérotine et pipistrelle. Dans tous les cas, ne touchez pas ces mammifères vulnérables et très sensibles au dérangement. Laissez-les dormir, surtout en hiver.

▶ *Vous parvenez à la sortie de cet univers.*

Vous traversez alors une sapinière où les lianes de la clématite et du chèvrefeuille enguirlandent les arbres.

❻ Vous atteignez la grotte de Saint-Bilbalbo. Son parcours est souterrain (lampe de poche conseillée) : quatre salles ornées de concrétions et de d'inscriptions millénaires vous émerveilleront. Frissons garantis lorsque vous franchissez dans la pénombre le rai de lumière issu comme par enchantement de la voûte. Les racines des arbres qui percent le plafond de la grotte (haut de 5 m) font penser à une chevelure... Est-ce celle de la sorcière qui sommeille au fond de la cavité ?

Le sentier serpente à travers les tables de lapiaz (vestiges d'un étage disparu) et les chapelets de dolines (cavités effondrées). Ce sont les lieux de prédilection du loir, du blaireau, du renard, du chat forestier...

Le fond des dolines est riche en mousses, lichens et fougères avec, au printemps, les fleurs précoces : nivéole, daphné, cil, anémone sylvie, pulmonaire, jonquille, arum, muguet... qui parfument et couvrent de touches de couleurs variées les sous-bois avant l'arrivée des primevères, de l'aspérule odorante, de l'oxalide, du sceau de Salomon, de la digitale, des lis, des orchidées, des campanules...

Chat forestier

Les nombreux arbustes sont présents en cortège diversifié : noisetier, viorne lantane, viorne obier, cornouiller, fusain, églantier...

▶ *Prenez maintenant le chemin du retour.*

Vous passez au bord d'un gouffre charnier-dépotoir, laissé en l'état pour témoigner d'une pratique hélas courante au XIXe siècle, maintenant rigoureusement interdite.

Il n'est pas rare, de bon matin ou à la tombée de la nuit, de rencontrer tout au long du parcours des grands mammifères.

Le lynx, dont on relève parfois des indices de présence, fréquente les lieux au printemps. Il trouve dans la forêt des Moidons une nourriture abondante (les chevreuils) pour ses petits. Les chamois broutent dans les prairies environnantes. Peu sauvages ici, vous pourrez peut-être les approcher jusqu'à

Chouette hulotte

15-20 m ! C'est aussi à la tombée de la nuit que vous entendrez des oiseaux nocturnes comme la chouette hulotte ou le hibou moyen-duc.
Une balade riche en émotions et en découvertes : à consommer sans modération, mais en respectant la fragilité de son environnement.

Jacques Olivier

Devant le gouffre des Arcades

Les charbonniers

Le sentier forestier est jalonné d'empreintes circulaires noircies (de 5 à 10 m de diamètre) qui témoignent des anciennes meules, les tas de bois brûlés. Les charbonniers œuvraient pour alimenter les sites pré-industriels de la région : haut-fourneau de Pont-du-Navoy, forges de Syam (qui fonctionnent toujours), salines de Salins-les-Bains, verreries (Poligny, La Vieille Loye...). Pour un stère de bois sec, on obtenait 70 kg de charbon à fort coefficient calorifique.
Le charme et le hêtre, étaient les essences les plus utilisées. Les peuplements forestiers actuels, avec des taillis de charme sous la futaie de chêne et de hêtre, sont le reflet de cette gestion séculaire.

PRATIQUE

À partir de Lons-le-Saunier, suivez la D 471 jusqu'à Pont-du-Navoy, puis la D 24 à gauche jusqu'à Besain. De là, prenez la D 4 vers Molain. Vous trouverez un parking le long de cette route, à droite, avant d'atteindre la N 5 (ou à gauche en venant de la N 5).

2 boucles partent du parking où vous vous êtes garé. Suivez Cro-Cro !

Au total, les deux boucles sont longues de 5 km ; comptez 2 heures de balade. Il faut 4 heures pour le parcours ludique accompagné d'un animateur. Le site est accessible à tous mais, prudence, ne quittez pas le sentier. Munissez-vous d'une lampe de poche, de vêtements et de chaussures adaptées (bottes ou chaussures de randonnée).

Pour plus d'informations sur le sentier de Malrochers, contactez l'Office de tourisme cœur du Jura - antenne de Poligny. 20 place des Déportés, 39 800 Poligny. Tél. 03 84 37 24 21
Aux environs : les grottes aménagées des Moidons (à 4 km) avec leur abondant concrétionnement de stalactites et stalagmites, la rivière souterraine des Planches (à 6 km), près d'Arbois, et ses marmites de géant, les belvédères (à 5 km) s'ouvrant sur la reculée du Fer-à-Cheval au-dessus des résurgences et des cascades de "tuf" (corniches rocheuses, hautes de 200 m pour certaines, abritant le grand corbeau et des rapaces, dont le faucon pèlerin).

6 km | 2h30 | Andelot | Balisage jaune

11 | À la rencontre du **sapin Président**

Du belvédère des Chérards, vous dominez une "mer de sapins"

La forêt de la Joux constitue l'une des plus grandes sapinières de France. Outre ses arbres monumentaux et les nombreuses espèces animales qu'elle accueille, elle présente de multiples témoignages sur les activités humaines liées au milieu forestier.

▶ *Commencez votre balade à la maison forestière du Chevreuil. L'itinéraire est balisé en jaune.*

La forêt, dans un cadre estival, est un lieu très agréable. Les conditions étaient cependant beaucoup plus dures pour les forestiers qui, dans un confort rudimentaire, y ont habité jusqu'en 1967. Le site fut également utilisé pendant la Première Guerre mondiale par l'armée canadienne : elle y exploitait des bois utilisés pour stabiliser les tranchées. Aujourd'hui, la forêt fournit essentiellement du bois d'œuvre servant en menuiserie et pour les charpentes.

L'arboretum ❶, installé ici après 1918, était destiné à tester la résistance au froid d'essences forestières exotiques. Il est maintenant un lieu propice à la découverte de nombreuses espèces de résineux (sapins, épicéas, pins…) et de feuillus (érables, ormes). Le sentier que vous empruntez s'élève à travers la sapinière, au-dessus de la maison forestière. Tout au long de votre balade, vous découvrirez sûrement au pied des arbres de grosses fourmilières. Ce sont celles de la fourmi rousse des bois. Cette ouvrière participe elle aussi à l'équilibre biologique de la forêt, alors prenez garde aux endroits où vous posez les pieds ! Le massif s'étend sur plus de

Pic noir

La maison forestière du Chevreuil

© IGN Paris

Carte IGN 3325 OT (1 cm = 250 m)

LES FAMILIERS DU LIEU

Pic noir, gélinotte, mésanges, chouette de Tengmalm…

Chamois, chevreuil…

Fourmi rousse des bois…

3 000 ha, en grande partie domaniaux. Il est majoritairement composé de résineux (sapins et épicéas), fréquentés par les mésanges noire et charbonnière. L'étendue de la forêt de la Joux ne cesse d'augmenter depuis le XIXe siècle, après avoir été largement surexploitée.

Mésange noire

▶ *Prendre le sentier montant en direction du Groin de la Chatonnière. Puis, à la bifurcation, prenez le sentier sur la gauche vers le "rond des Chérards" ❷.*

Ce terme de "rond", utilisé en forêt de la Joux, désigne un carrefour. Des plantations d'ormes y ont été réalisées. Ces arbres ont été testés pour résister à la graphiose, une maladie qui a détruit, parmi eux, de très nombreux individus au cours des années 1980. Vous pourrez aussi découvrir ici une "rondelle de sapin" permettant de dater l'âge du conifère et d'analyser ainsi son histoire.

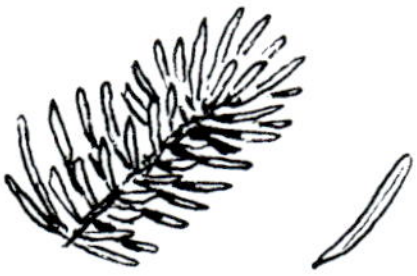

Aiguilles…

… et écorce de sapin

Au pied du sapin Président

▶ *En atteignant la route forestière, vous arrivez au sapin Président* ❸.

La tradition du sapin Président remonte au XIXe siècle. L'élection donnait lieu à un ensemble de réjouissances et de festivités. Depuis 1897, choisis pour leur taille, quatre arbres se sont succédé à cette "fonction". L'actuel sapin a été désigné en 1964. Il mesure 45 m de haut, a une circonférence de 3,85 m et a sans doute atteint l'âge respectable de 250 ans.

▶ *À partir du sapin Président, vous pouvez poursuivre par la route forestière et atteindre le belvédère des Chérards* ❹ *(boucle supplémentaire de 1 km environ).*

Le belvédère des Chérards domine une "mer de sapins", qui est une bonne illustration de boisement d'un ancien domaine agricole, laissé à l'abandon. Le panorama s'étend jusqu'au mont Poupet et à la résurgence du Lison. Les caractéristiques du relief jurassien sont bien visibles : une succession de plateaux et des falaises. Le Jura est un massif calcaire fissuré où abondent grottes et rivières souterraines (grottes des Moidons, de Baume-les-Messieurs…).

Le karst

Le phénomène du karst est notamment présenté à travers le sentier thématique des Malrochers (voir balade 10), tracé en forêt des Moidons, entre Poligny et Champagnole.

▶ *Ou bien en partant du sapin Président, remontez à droite dans la forêt par le chemin des Chérards.*

Vous atteignez alors un belvédère qui domine la combe de la Vessoye ❺. Les chamois sont fréquents dans cette zone rocheuse. Il s'agit de l'une des rares combes non boisées du massif. Les secteurs pâturés sont restés habités jusqu'au milieu du XXe siècle puis ont été souvent abandonnés et boisés.

Le chevreuil est un mammifère très commun dans le Jura

▶ *Revenez maintenant vers la maison forestière par le chemin de la Combe aux Porcs* ❻.

Les cônes de l'épicéa pendent alors que ceux du sapin sont dressés

Si vous souhaitez faire une "exploration" plus approfondie de la forêt de la Joux, n'hésitez pas à suivre la route des Sapins. Chaque point d'accueil, le long de cette route, présente un itinéraire, ses points remarquables et toutes les découvertes qu'il est possible d'y faire. Vous pourrez par exemple appréhender la diversité écologique à travers le sentier de la Glacière (à 2 km de la maison forestière du Chevreuil) ou encore apprendre à connaître toutes les activités sylvicoles sur le sentier des Quatre Bornes (à 10 km environ).

ONF

Vol de mésanges

La route des Sapins

Cette route balisée sur 50 km relie Champagnole à Levier (dans le Doubs). Elle traverse trois des plus belles sapinières d'Europe. Les sentiers thématiques, les belvédères et les aires de loisirs aménagées permettent une découverte de la forêt de la Joux, de ses êtres vivants et des hommes qui la font vivre.

La chouette de Tengmalm, présente dans la forêt de la Joux, est rare en France

PRATIQUE

À partir de Champagnole, prenez la D 471 vers Pontarlier. À Censeau suivez "Andelot - route des Sapins" (D 107). Vous entrez sur la route des Sapins par la porte de la Marine, symbolisée par des mâts. Suivez cette route, à droite, pendant 4 km pour rejoindre la maison forestière du Chevreuil.

La balade commence à la maison forestière du Chevreuil. Suivez les balises jaunes.

Comptez 2h à 2h30 pour 5,9 km. L'itinéraire est praticable par tous.

Attention, la balade n'est pas toujours praticable en hiver car les routes ne sont pas déneigées.

Vous trouverez sur place : aires de jeux pour enfants et, en période estivale, petite restauration. Pour plus d'information : office de tourisme Jura Monts et Rivières (tél. 03 84 52 43 67). Vous pouvez également visiter la sécherie de la Joux (à quelques kilomètres) : un établissement unique en Europe chargé de la récolte et de la conservation des graines forestières (tél. 03 84 51 42 09).

12 km | 3h30 | Le Franois | Balisage orange

12 Le tour des **quatre lacs**

Vue sur les lacs

Appelée "petite Écosse" par l'écrivain Charles Nodie, cette mini-région invite au respect et à la méditation. À 800 m d'altitude, entre les plateaux et la haute chaîne du Jura, le site sauvage des quatre lacs offre une diversité remarquable.

▶ ❶ *Au départ de la Fromagerie, passez devant l'Éolienne en direction du lac d'Ilay. Balisage : 2 traits orange.*

Vous avancez sur un chemin rural bordé de haies aux espèces caractéristiques : noisetier, fusain d'Europe, camérisier à balai, prunellier, troène, groseilliers, aubépine… Cette dernière sert de garde-manger aux mésanges (bleues, nonette ou à longue queue). L'épervier apprécie ces milieux buissonnants ; tout comme la couleuvre verte et jaune, remarquable par sa taille, particulièrement agile dans les branchages.

Faucon pèlerin

En haut de cette côte, apparaît, face à vous, le pic de l'Aigle (993 m d'altitude). Faites 20 m sur la droite pour découvrir un lapiaz : une formation karstique due à l'érosion et à la dissolution du calcaire par les eaux de ruissellement. La végétation y est presque absente, outre quelques spécialistes de l'aridité comme la germandrée petit chêne (fleur violette, dressée), la germandrée des montagnes (très basse, blanc-jaunâtre), la globulaire vulgaire (bleue) ou l'hyppocrépis avec sa couronne de fleurs jaunes.
Attention où vous posez les pieds, la vipère aspic est présente… Le sorbier de Mougeot se plaît dans ce milieu ; son port est moins élevé et ses feuilles plus échancrées que celles de l'alisier blanc. Il est facile à reconnaître quand il y a du vent car ses

Le faucon pèlerin

Ce rapace a bien failli disparaître au cours des années 1960. Grâce à des mesures de protection de l'espèce et de son milieu, il a depuis reconquit ses sites privilégiés. Le faucon pèlerin niche sur les falaises rocheuses et se nourrit essentiellement d'oiseaux qu'il capture en vol à une vitesse foudroyante, avoisinant les 300 km/h en piqué. Il est monogame et, la plupart du temps, sédentaire.
La région des Lacs a la chance d'en posséder plusieurs couples.
À ne pas déranger !

© IGN Paris

Carte IGN 3326 ET et 3327 O (1 cm = 300 m)

Mésange à longue queue

feuilles au dessous blanchâtres se voient alors de loin. Les fruits, comestibles, de ces arbres sont des sources de nourriture pour les geais des chênes, le pipit des arbres ou encore la grive litorne.

▶ ❷ *Traversez la D 75.*

Vous êtes au sud du lac d'Ilay, au niveau du pont qui enjambe le déversoir du lac. La zone humide vous permet d'admirer une très riche diversité végétale et animale.

▶ ❸ *Au hameau de Ilay, tournez à gauche.*

100 m plus loin, vous longez une hêtraie qui abrite notamment l'aspérule odorante. Cette petite fleur étoilée (blanche) embaume lorsqu'elle sèche et sert à parfumer le linge dans les

LES FAMILIERS DU LIEU

- Milans, grand corbeau, geai des chênes…
- Renards, chevreuil, chamois…
- Couleuvres, tritons, vipères…

Dans l'Espace botanique

Fleurs passion

Pour les passionnés de plantes, la visite de l'Espace botanique (réalisation de la commune du Frasnois et du Conseil général du Jura) est incontournable. Vous pourrez vous initier à la flore locale : 300 plantes sont étiquetées sur un parcours de 800 m. Vous découvrirez également les fleurs de la région des Lacs dans le chalet d'exposition, jouxtant le gîte Panda l'Éolienne, et dans un jardin de 150 plantes médicinales. Les visites peuvent être accompagnées par le propriétaire des lieux. Séjours "botanique et plantes médicinales" possibles, renseignements au 03 84 25 57 27.

Respect

Le tour des quatre lacs fait partie du site classé des Sept lacs (ceux de la balade, lacs du Vernois, de Bonlieu et du Fioget) et des cascades du Hérisson. Il appartient au réseau européen Natura 2000 et, pour une grande part, au Parc naturel régional du Haut-Jura. Il est enfin protégé par cinq zones d'intérêt écologique faunistique et floristique (ZNIEFF) ! C'est dire le caractère remarquable du site, et le respect qui lui est dû...

armoires. Elle est également utilisée en Allemagne pour faire le vin de mai. Au printemps, vous entendrez sans doute tambouriner les pics (vert, épeiche ou noir), des habitués des lieux.

▶ ❹ *Restez sur le chemin principal à droite. Vous pouvez cependant faire un crochet pour aller voir la tourbière séparant les lacs d'Ilay et du Grand Maclu.*

Au passage, vous découvrez l'île d'Ilay qui fait l'objet de fouilles archéologiques : les vestiges d'un prieuré de l'ordre de Saint-Benoît, datant du Haut Moyen Âge, ont été mis au jour. La tourbière, 200 m plus loin, accueille sphaignes et drosera (une plante carnivore) et la myrtille des marais. Dans le ruisseau, vous découvrirez une grosse moule d'eau douce, l'anodonte.

▶ *Revenez sur le sentier.*

Vous apercevez bientôt le lac du Grand Maclu. Après la traversée d'une plantation d'épicéas, vous vous trouvez face à d'imposantes falaises. C'est là que vous admirerez peut-être le vol du faucon pèlerin. Le grand corbeau est aussi fréquent ici, tout comme le cassenoix moucheté, un oiseau caractéristique de la hêtraie-sapinière. En bordure de forêt se mêlent deux grandes plantes à la toxicité redoutable : l'aconit tue-loup (aux fleurs jaunes) et le vératre, à ne pas confondre avec la grande gentiane. En descendant vers le lac du Maclu, vous rencontrerez parmi les gros blocs de rocher, le camérisier des Alpes, reconnaissable à ses fruits noirs, et le rosier des Alpes, un arbuste sans épines. Un peu plus loin, sur le talus de droite, l'airelle rouge – elle se trouve ici sur sa station la plus basse du Jura – ne vous quittera plus jusqu'au bout du Petit Maclu. Dans la côte, le passage des chamois est fréquent. Le lynx a également fait ici sa réapparition. Au début du Petit Maclu, les nymphéas se marient aux nénuphars jaunes. Le grèbe huppé y niche régulièrement. Au bout du lac, visitez les gouilles : les restes d'anciennes extractions de sable morainique. Les tritons alpestres et palmés y abondent.

▶ ❺ *Traversez la route et engagez-vous en face dans la sapinière. Vous débouchez sur une portion de route goudronnée jusqu'au point ❻ où vous prendrez à droite, vers le lac de Narlay. Au point ❼, restez sur le chemin principal, à droite.*

Cassenoix moucheté

Le lac de Narlay est le plus profond de la région (40 m). Les poissons qui l'habitent sont les mêmes que ceux que vous trouverez dans les autres lacs : brochets, tanches, perches et corégones. Au nord de l'étendue d'eau, la reine des prés, l'iris jaune et la lysimaque sont des plantes fréquentes. Cette zone est souvent survolée par le milan royal et le héron cendré.

▶ ❽ *Poursuivez le chemin puis traversez le village. Au point ❾, tournez à droite en face de la poterie et à gauche pour, 500 m plus loin, ❿ bifurquer vers le Centre équestre et la Fromagerie.*

300 m plus loin le chemin laisse apparaître des dalles rocheuses toujours humides sur lesquelles s'est implantée la grassette commune, une plante carnivore aux fleurs violettes. Aux endroits les plus secs et chauds, vous découvrirez aussi l'amélanchier et le cotonéaster. Les gentianes d'Allemagne, champêtres, croisettes ou ciliées vous accompagneront jusqu'à la Fromagerie.

Christian Monneret

Perche

Jurassiques lacs

Le plateau du Frasnois est principalement constitué de calcaire du jurassique supérieur. Son sous-sol karstique favorise la circulation des eaux souterraines et n'est donc pas très favorable à la formation de lacs.
Ces derniers doivent leur existence aux dépôts d'alluvions glaciaires marneuses et à quelques dépôts morainiques qui ont permis la retenue des eaux. Les lacs sont alimentés par de nombreuses émergences de débit modeste. Ils communiquent entre eux, sauf avec le lac de Narlay, et alimentent, au sud, les cascades du Hérisson sous forme de résurgence au niveau du saut Girard. Quant au lac de Narlay, il se perd à l'ouest dans une faille et ressort 7 km plus bas, au lac de Chalain.

PRATIQUE

À partir de Lons-le-Saunier, suivez la N 78 vers Clairvaux-les-Lacs et Bonlieu. 2 km après Bonlieu, prenez la D 75 vers Le Frasnois puis, à Ilay, la D 39 à gauche. En venant de Champagnole, prenez la N 5 vers le sud et à Pont de la Chaux, tournez à droite sur la D 75 jusqu'au Frasnois. Traversez le village, longez le lac jusqu'à Ilay et suivez la D 39 direction Doucier ; la Fromagerie est à 400 m.

La balade commence au parking de la Fromagerie ou de l'Éolienne.

Comptez 3h30 de marche pour 12 km sans difficulté particulière.

Toutes les saisons sont intéressantes. La période de mai à septembre est à privilégier pour la flore. L'hiver peut être intéressant pour l'observation des oiseaux ainsi que pour les paysages des lacs et cascades gelés.

À ne pas manquer, en continuité du lac d'Ilay : les cascades du Hérisson. Sur la commune de La Chaux du Dombief : belvédère des Quatre Lacs et pic de l'Aigle (vue sur les tous les lacs, sur le Haut-Jura et sur le massif du Mont-Blanc).

9 km | 3h30 | Clairvaux-les-Lacs | Balisage jaune

13 | Le petit lac de **Clairvaux**

Du belvédère de la Scie, la vue s'ouvre sur les deux lacs et sur le village de Clairvaux

Les lacs de Clairvaux se nichent au fond d'une reculée calcaire typique du paysage jurassien. Le site est admirable depuis le belvédère de la Scie.

▶ ❶ *Longez le terrain de camping.* ❷ *Suivez la route D118, puis quittez-la bientôt sur la gauche.*

▶ ❸ *Retrouvez la D 118 ; traversez-la et suivez la route forestière de "Côte Chaude".*

La tempête de décembre 1999 a laissé des traces. Sur un couloir, large de quelques centaines de mètres, une partie des arbres (hauts parfois de plus de 10 m) a été déracinée ou cassée à mi-hauteur du tronc.

▶ ❹ *Suivez le balisage jaune et bleu : le sentier descend, à droite. Après une clairière, vous arrivez au belvédère de la Scie.*

La vue s'ouvre sur les lacs et sur Claivaux (situé sur le même plateau calcaire que le belvédère), au fond. La chaîne de l'Euthe, au relief plissé, barre l'horizon. L'ensemble domine une dépression au fond plat dont la surface était jadis totalement occupée par les lacs. La colline à gauche de Clairvaux, limitant le grand lac, est constituée de sables et de galets (moraines). Entre la chaîne de l'Euthe et les buttes morainiques, se dessine la vallée de l'Ain.

▶ ❺ *Suivez le haut de la falaise, au-dessus de la colonie et pénétrez sur le plateau. Sortez ensuite de la forêt.* ❻ *Face au village de Soucia, prenez un chemin de terre vers la ferme équestre du Villaret. Quittez de nouveau les prés et les cultures et suivez un chemin (à droite) qui vous mène jusqu'aux rives du petit lac.*

De belles roselières occupent cet endroit. Le grèbe huppé et la foulque macroule y nichent.

Jeunes et vieillissants

Lors de la fonte des glaciers et de la formation des lacs de Clairvaux, il n'y avait qu'une seule étendue d'eau, plus vaste qu'aujourd'hui. En effet, outre les particules minérales et organiques – plantes et animaux s'en nourrissent – qui s'accumulent dans l'eau, le lac récupère des matériaux issus de la rivière, de la forêt qui l'entoure et des êtres vivants qui le peuplent. De taille modeste, les lacs jurassiens, se comblent d'autant plus.

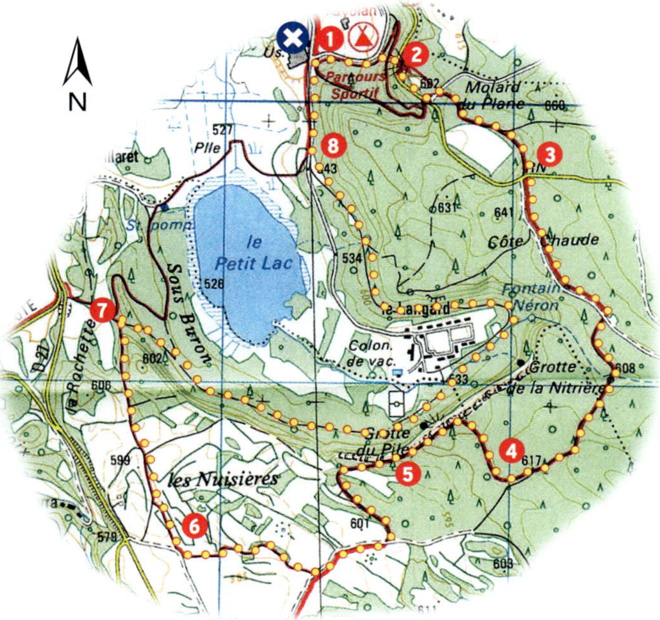

© IGN Paris

Carte IGN 3327 OT (1 cm = 300 m)

Grèbe huppé

▶ ❼ *Bifurquez vers la Colonie de vacances avant de la contourner.*

▶ ❽ *Remontez à travers un pré et des taillis et retrouvez la route des campings. Prenez à gauche pour rejoindre le point de départ.*

CPIE du Haut-Jura / Comité Départemental du Tourisme

Reculée

Les lacs de Clairvaux sont situés au fond d'une vallée en cul-de-sac, dans une échancrure du plateau calcaire qui les domine. Au pied de l'escarpement jaillit une source. Ce site est une reculée.

Foulque macroule

PRATIQUE

À partir de Clairvaux-les-Lacs, prenez la direction de Saint-Lupicin et Châtel-de-Joux (D 118). À la sortie du bourg, bifurquez immédiatement à droite, en direction de la colonie de Saint-Ouen. Garez-vous au parking, en face de l'usine.

Le sentier part à gauche, juste après le parking. Balisage jaune.

Comptez 3h30 pour 9 km de marche. Sentier praticable par tous à condition d'être bien chaussé. Certains tronçons sont très humides après plusieurs jours de pluie.

Toute l'année.

À la demande de la Communauté de communes du Pays des Lacs, le CPIE du Haut-Jura a réalisé 8 tables de lecture (sur des sentiers balisés) permettant aux visiteurs de comprendre l'environnement naturel. Il a aussi conçu un livret-guide, disponible à l'office de tourisme (tél. 03 84 25 27 47).

2 km | 1h | Montliboz | Balisage jaune

14 Les cascades de la **Langouette**

La Saine coule dans un canyon très étroit

Près des Planches-en-Montagne, entre le mont de la Haute Joux et le mont Noir, se cachent les cascades de la Langouette.

❶ Au grand pont, la vue plonge de 40 m de haut sur la Saine. La rivière coule dans un canyon, large de 5 m. Vous êtes sur le fil d'une faille géologique qui va de Foncine-le-Bas à Champagnole. Cette fracture est issue de la surrection et du plissement du massif jurassien à l'ère tertiaire. Essayez de tordre une gomme d'écolier. Arrivée au point de rupture, elle se fend. Vous provoquez ainsi une faille.

▶ ❷ *Traversez le pont et grimpez l'escalier qui monte dans le pré à gauche.*

Trois belvédères permettent de profiter du spectacle des eaux tourbillonnantes et bouillonnantes d'écume. ❸ Le premier au niveau de la plus grande cascade, chutant dans le canyon comme dans un entonnoir. Ici, le débit du torrent peut atteindre 80 t/s. L'érosion est bien visible en amont, lorsque le débit est faible. Vous apercevrez en effet une série de grosses cuves, ou marmites de géants, creusées par le frottement incessant des sables et des graviers entraînés par les tourbillons. ❹ Au second belvédère vous entendez le bruit d'une turbine hydroélectrique : le propriétaire des lieux fournit du courant au réseau national. Une rude montée mène au troisième point de vue et à la sortie des gorges.
❺ La traversée des Planches vous reposera les oreilles. Près de la passerelle, de multiples ouvrages ralentissent et canalisent la Saine. Les pans de mur que vous voyez soutenaient les pilotis et la charpente de l'ancienne scierie Collin (qui disparut sous les flammes en 1959) enjambant la rivière.

▶ ❻ *Remontez par la ruelle du moulin jusqu'à l'église. Dans la Grand'rue, faites un petit aller-retour vers la gauche.*

Scolopendre

Au fond des gorges, près des embruns et sous l'ombre des hêtres,la fraîcheur est permanente. De quoi ravir algues, mousses et fougères. L'une d'entre elles, la scolopendre, arbore de longues feuilles luisantes disposées en rosette. Les sporanges (contenant des sacs portant les spores indispensables à la reproduction), sous la feuille, rappellent le mille-pattes encore appelé scolopendre !

Truite fario

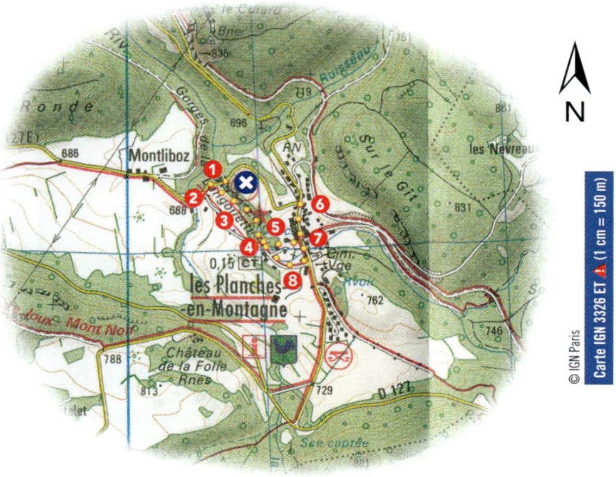

En grec, scolopendre signifie mille-pattes, allusion à la disposition des sporanges de cette fougère

Les volets clos des façades témoignent de la désertification de ce chef-lieu de canton, malgré d'heureuses initiatives comme ce bureau de poste, tenu par les hôtesses de l'office de tourisme.

▶ ❼ *Revenez sur vos pas et poursuivez par le pont du village.*

❽ Vous retrouvez une Saine assagie, peuplée par la truite fario et le minuscule chabot, très sensible à la qualité de l'eau.

▶ *La rue qui descend, rive gauche, vous ramène aux gorges. Empruntez le sentier de l'aller.*

Thierry Nézot

PRATIQUE

▶ À partir de Saint-Laurent-en-Grandvaux, prenez la D 437 puis la D 16 à gauche vers Les Planches-en-Montagne (D 127) : traversez le village. Après l'église et la Poste, au carrefour, tournez à gauche, direction "Langouette". La route descend jusqu'au pont, au-dessus des gorges ; parking aménagé à gauche du grand pont. À partir de Champagnole, prenez la N 5 ; tournez à gauche, sur la D 16, vers Chaux-des-Crotenay et Les Planches-en-Montagne (D 127).

✖ À Montliboz, au parking du grand pont.

2 km de marche : comptez 1 heure, en prenant votre temps. Le parcours est ponctué de 7 panneaux didactiques et poétiques. Attention quelques marches sont glissantes ; bien que faciles, certaines portions du sentier au-dessus du ravin ne sont pas sécurisées, surveillez vos enfants.

Après de fortes pluies ou à la fonte des neiges pour le débit. Début octobre pour les couleurs d'automne. Par temps ensoleillé pour la lumière qui pénètre la voûte d'arbres.

À voir : la Tram'Jurassienne de Champagnole à Foncine-le-Haut (29 km), les gorges de Malvaux (en remontant la Saine vers Foncine-le-Bas, 2h - 5 km aller-retour). En été, l'office de tourisme propose une randonnée matinale à la découverte des chamois. Tél. 03 84 52 43 67

2 km | 1h | Saint-Hymetière | Balisage jaune

15| Les gorges de la **Valouse**

L'église romane de Saint-Hymetière

En aval d'Arinthod, la Valouse s'enfonce dans de petites gorges que cette balade permet de découvrir.

▶ ❶ *Depuis le virage en épingle à cheveux, empruntez la route en ignorant le sentier de randonnée qui part sur la droite.*

▶ ❷ *Prenez à droite.*

▶ ❸ *Un large chemin puis un sentier en bordure de prés permet de rejoindre la Valouse.*

Au bord de l'eau, poussent saules et aulnes. Le sentier remonte ensuite dans un sous-bois humide ou les troncs d'arbres sont recouverts de mousse. Après avoir traversé une plantation d'épicéas, vous arrivez à la caborne du Bœuf, le plus grand porche de grotte jurassien.

▶ ❹ *À partir de la caborne, le sentier remonte en longeant les bans de falaises.*

Seuls quelques buis parviennent à se développer sur les éboulis instables et sur les dalles calcaires.

▶ ❺ *Après le passage au pied de la grande cascade, le sentier remonte (petite cascade sur votre gauche).*

La caborne du Bœuf

Le sous-sol calcaire fait que l'eau s'évacue en grande partie dans les fissures de la roche. Elle y creuse des réseaux souterrains, souvent impénétrables, caractéristiques des régions karstiques. Ici, pourtant, l'eau a creusé un très grand porche et une large galerie, accessible au promeneur (système d'éclairage en place) sur une quarantaine de mètres de long.

Bergeronnette des ruisseaux

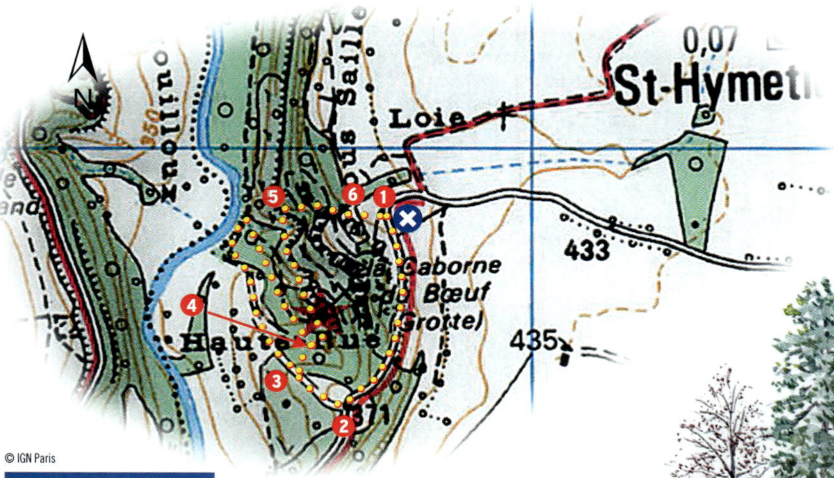

Carte IGN 3228 OT (1 cm = 125 m)

▶ 6 *Vous traversez d'anciens terrains agricoles aujourd'hui gagnés par une végétation épineuse (genévriers, prunelliers, églantiers) et par des pins sylvestres.*

▶ *Remontez alors jusqu'au parking.*

Adapemont / Comité Départemental du Tourisme

Aulne

PRATIQUE

Saint-Hymetière est situé à 4 km au sud d'Arinthod, sur la D 109 qui va d'Orgelet à Thoirette. Dans le village de Saint-Hymetière, rejoignez l'église romane (indiquée). De là des panneaux indiquent le "circuit du Patrimoine". Suivez le chemin carrossable, puis la petite route qui descend vers les gorges de la Valouse. Un parking indiqué juste avant le virage en épingle à cheveux, à gauche de la route qui descend au moulin de l'île.

Départ à droite de la route, dans le virage en épingle à cheveux.

Comptez 1 heure pour 2 km de balade. Très aménagé, le sentier est praticable par tous même s'il franchit parfois des sites très accidentés.

À voir : l'église romane de Saint-Hymetière, l'une des plus belles de Franche-Comté, elle est à visiter absolument.

9 km | 3h | Boutavant | Balisage jaune

16 | Le pic **d'Oliferne**

Les vestiges du château d'Oliferne

Superbe belvédère au-dessus des vallées de l'Ain et de la Valouse, le pic d'Oliferne est aussi un lieu chargé d'histoire et de légendes fantastiques.

▶ ❶ *Suivez le large chemin qui descend à l'est du village, au milieu des prés, puis prenez un sentier à gauche qui monte vers la crête du Molard de la Justice.*

L'activité agricole a été abandonnée sur les pentes et a laissé place à des friches, gagnées progressivement par les genévriers, les pins sylvestres et les bouleaux. Sangliers et chevreuils sont particulièrement nombreux ici. Peut-être aurez-vous la chance d'en apercevoir un ?

▶ ❷ *Suivez, à gauche, la crête du Molard de la Justice.*

Vous cheminez à l'aplomb de la falaise qui surplombe la vallée de l'Ancheronne. À l'est, la vue est magnifique sur le plateau de Vescles, sur la chaîne du Haut-Jura, sur les monts du Bugey et, par ciel dégagé, sur la pyramide que forme le massif du Mont-Blanc. En face de vous, le pic boisé d'Oliferne se profile comme un objectif lointain.

Vous apercevrez certainement une buse variable planer, les jours de beau temps.

Tout au long de la crête, ce sont les buis et les chênes rouvres qui prédominent. Sur le sol, la roche calcaire affleure en permanence.

Il y a fort peu de chances que vous puissiez apercevoir un lynx : l'animal est très discret. C'est pourtant l'un des secteurs du Jura où il est le plus présent.

Le lynx est un animal très discret

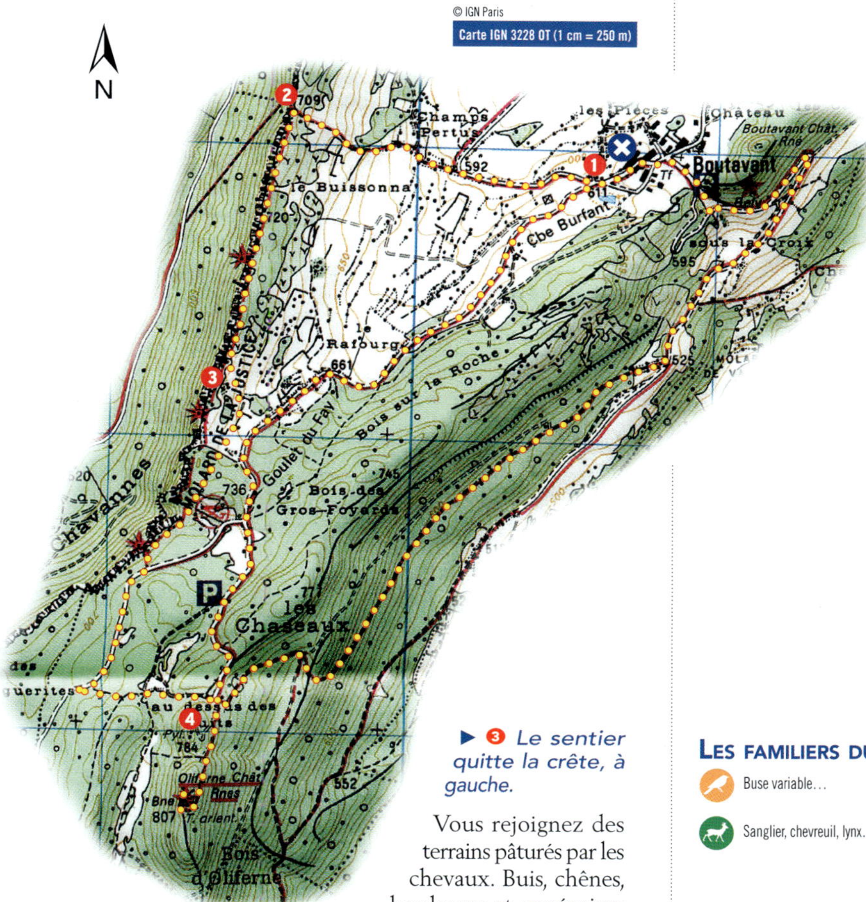

▶ ❸ Le sentier quitte la crête, à gauche.

Vous rejoignez des terrains pâturés par les chevaux. Buis, chênes, bouleaux et genévriers gagnent progressivement malgré l'entretien du site par ces équins.

En été, vous rencontrerez certainement une plante aux fleurs jaunes bien visibles. Il s'agit de la grande gentiane, ou gentiane jaune, abondante sur dans le secteur. Le plateau de Vescles est aussi particulièrement riche en nombreuses espèces d'orchidées, qui fleurissent entre le printemps et le début de l'été. Orchis militaire, ophrys araignée, ophrys bourdon, orchis homme pendu… Saurez-vous en reconnaître quelques-unes ? Surtout, ne les cueillez pas. Elles sont rares, fragiles et représentent l'un

Les familiers du lieu

- Buse variable…
- Sanglier, chevreuil, lynx…

Au-dessus des crêtes, vous verrez sans doute une buse variable planer les jours de beau temps

des trésors de la Petite Montagne.

Peu de temps après avoir plongé dans le massif boisé, vous trouverez, sur votre gauche, une belle clairière aménagée en lieu de pique-nique (cabane-abri, table et bancs). N'hésitez donc pas à en profiter pour faire une pause.

Continuez dans le bois planté de hêtres, de charmes et de chênes. Le buis est partout présent. La Petite Montagne est d'ailleurs le pays du buis, l'une des richesses locales. Ce parasite, qui rend les sous-bois presque impénétrables, est le milieu de vie privilégié des tiques. Si vous avez cheminé dans les buis, une bonne douche s'impose absolument.

Vous atteignez maintenant un très beau point de vue au-dessus du village d'Anchay et de la vallée de la Valouse.

▶ ❹ Suivez ensuite les balises jusqu'au site d'Oliferne, aménagé en sentier de découverte.

Une dizaine de panneaux vous présentent l'histoire du site, son architecture, ses paysages et vous content les légendes locales. Ici, pas de pierres taillées ; ce sont les falaises calcaires, se délitant en bancs de roches, qui ont été utilisées pour construire les fortifications du château. Les lieux, en pleine forêt, ont été complètement abandonnés. Au XIVe siècle, le village qui s'abritait au pied de la forteresse comptait 200 habitations. D'abord détruit, par les troupes de Henri IV, la forteresse fut en partie reconstituée avant d'être à nouveau mise en ruines peu de temps après.

Ce site isolé et magique est en cours de restauration : un chemin du patrimoine avec des panneaux et des aménagements divers en permet une découverte passionnante.

▶ Revenez maintenant au point ❹. Nous vous conseillons ici de repartir par le large chemin carrossable qui vous ramène rapidement à votre point de départ. Mais vous pouvez choisir la variante, plus longue.

Si vous avez choisi la première option, le chemin suit

Genévrier commun

Le buis

Au XIXe siècle et pendant la première moitié du XXe siècle, le buis, bois d'une dureté remarquable, constituait la grande richesse locale. La plupart des habitants étaient des ouvriers-paysans. Paysans en été, ils devenaient tourneurs sur bois pendant la mauvaise saison dans les nombreux moulins-tourneries qui se trouvaient sur les bords, même des plus petits ruisseaux. Le buis sert surtout à confectionner des pièces de petite taille : pions de jeu d'échec, grains de chapelet, manches des guidons de vélo…

Le lac de Coiselet, vu du site d'Oliferne

Imprenable Oliferne ?

Le château d'Oliferne fut construit au XIIIe siècle. Perché à 807 m d'altitude, 500 m au-dessus de la vallée de l'Ain, il constituait un belvédère incomparable et un site imprenable. Il fut pourtant conquis en 1631 par Thiébaud de Chauffour, célèbre chef des Routiers (l'une des bandes locales de "brigands"), aventurier cruel et sans pitié.

le fond de la combe, en bordure de prés. La grande gentiane est de nouveau très présente. Pendant plusieurs générations, les paysans ont dû ôter les pierres des prés pour les rendre cultivables. Quand ils n'ont pas servi à édifier des murets, ces cailloux ont été regroupés constituant ainsi de grands tas arrondis, appelés des murgers.
Si vous choisissez le parcours le plus long, vous dominerez la belle vallée de l'Ain et le lac de Coiselet.

Adapemont

La grande gentiane, ou gentiane jaune

PRATIQUE

La commune de Vescles est située sur le plateau au-dessus du lac de Coiselet, à 17 km au nord d'Oyonnax et à 11 km au sud-est d'Arinthod. À partir d'Arinthod, prenez la D 3 vers l'est puis la D 99 à droite, jusqu'à Vescles. Juste après ce village, tournez à droite pour rejoindre Boutavant. En venant d'Oyonnax, prenez la D 31 vers le nord puis la D 99 et juste avant Vescles, tournez à gauche vers Boutavant. Garez-vous à la sortie du hameau de Boutavant (aire de stationnement à gauche de la route).

Après avoir garé votre voiture, suivez le large chemin à droite. La boucle est balisée en jaune.

Comptez 3 heures pour 9 km de marche si vous choisissez l'itinéraire le plus court. La boucle la plus longue fait 11 km. La balade ne présente pas de difficulté particulière. Dénivelé de 100 m environ.

À voir : les ruines du château d'Oliferne (sur le circuit), le lac de Coiselet et le barrage de Vouglans (à proximité).

Le Parc naturel régional du **Haut-Jura**

À cheval sur la Franche-Comté et la région Rhône-Alpes, le Parc s'étend au cœur du massif du Jura, entre les rives de l'Ain et du Rhône. Cet espace montagnard est entaillé par les belles vallées de la Bienne et de la Valserine.

Sommets, vallées et lacs

Dans ce pays de moyenne montagne, la végétation est étagée : des aulnes, des saules et des frênes des bords de rivière aux forêt de feuillus (hêtres) et aux pins à crochets des hauts sommets. Le crêt de la Neige est le point culminant de la Haute-Chaîne du Jura (1 717 m) au cœur de la réserve naturelle, d'où l'on domine le pays de Gex et Genève. Le panorama sur les Alpes est particulièrement beau. Au fond des vals et des combes s'abritent de nombreux lacs de montagne (lacs de l'Abbaye, de Lamoura, d'Etival) ainsi que de petites tourbières.

Merle à plastron

Vie sauvage

Les forêts d'épicéas, très importantes sur le territoire du Parc, sont le refuge du chevreuil, du chamois, du sanglier, de la martre des pins mais aussi du lynx, très discret. Les massifs plus élevés accueillent des oiseaux comme le merle à plastron, le pic noir et le farouche grand tétras. La chouette de Tengmalm, rare, est également présente.

Martre des pins

Un espace habité

La renommée des fromages AOC (bleu de Gex, comté, morbier) et de l'artisanat du bois n'est plus à faire. De nombreux musées techniques et des ateliers d'artisans vous présentent ces différentes productions le long de la route des Fromages et de la route des Savoir-Faire. Vous pourrez notamment découvrir l'activité agricole et le patrimoine bâti du Haut-Jura le long des trois sentiers d'interprétation du village de Lajoux – siège de la maison du Parc.

Tout sur le Parc

Le parc a été créé en 1986. Il s'étend sur plus de 145 000 ha (couvrant une centaine de communes). Maison du Parc, musées, offices de tourisme du Haut-Jura et accompagnateurs en montagne vous accueillent pour une découverte plus approfondie de cet espace.

Maison du Haut-Jura
39310 Lajoux
Tél. 03 84 34 12 30
parc@parc-haut-jura.fr
www.parc-haut-jura.fr

1,5 km | 1h | Les Crozets | Balisage chapeau de lutin

17| Sur le chemin des **lutins enrhumés**

Un contraste choc entre la verdure luxuriante de la hêtraie-sapinière et les roches calcaires cassées et nues, sculptées par le gel et l'eau.

Les lésines sont des crevasses de 5, 10 ou 50 m de long, atteignant souvent plus de 1 m de profondeur, qui parcourent les grandes dalles calcaires subhorizontales du lapiaz. Elles ont été sculptées par l'eau de ruissellement qui a dessiné entre elles des cannelures, des méandres et des rigoles plus ou moins larges et profonds.

▶ *Passez sous la porte et suivez le sentier qui monte jusqu'à un croisement. Des balises en hauteur (un chapeau de lutin) vous indiquent le chemin.*

Tournez à droite.

▶ *Suivez les dalles «chapeaux pointus» tout au long de l'itinéraire.*

Non loin, un lapiaz couvert de mousse s'ouvre sur une belle surface de roche, inclinée vers le fond de la vallée. Des végétaux pionniers colonisent ce "désert" de pierre. Tous les stades intermédiaires d'adaptation à la sécheresse sont observables, du centre du lapiaz à la forêt et de la surface de la dalle au fond des lésines.

CPIE du Haut-Jura / Comité Départemental du Tourisme

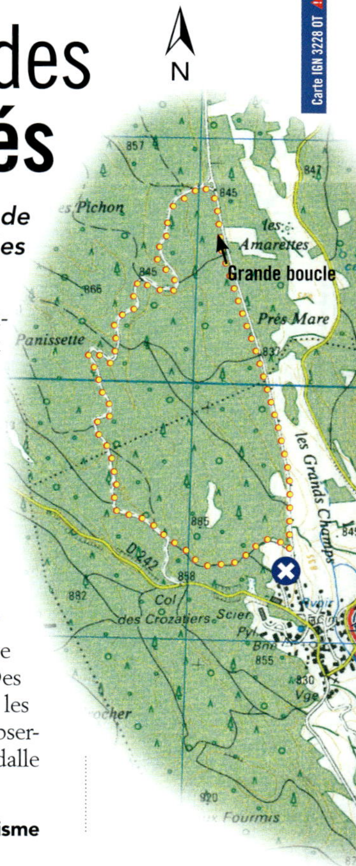

Carte IGN 3228 OT (1 cm = 300 m)

© IGN Paris

PRATIQUE

À partir de Saint-Lupicin (à l'ouest de Saint-Claude), prenez la D 118 jusqu'aux Crozets. De là suivez la direction de Moirans-en-Montagne. Passez devant l'église. En haut du village, tournez à droite. Parking à gauche après la dernière maison. La porte d'entrée du chemin des contes est là, accessible par l'escalier.

1h - 1,5 km. Le sentier peut se pratiquer en famille avec des enfants.

Toute l'année, sauf quand il y a beaucoup de neige.

L'office de tourisme Jura Sud dispose du livre *Sept contes en balade* qui vous permettra de compléter vos découvertes. Grâce aux différents indices qui ponctuent votre balade, vous pourrez résoudre bien des énigmes. Tél. 03 84 42 31 57, office.tourisme@jurasud.net

5 km | 2h30 | Prénovel | Balisage jaune

18| La tourbière de **Prénovel**

Dans la combe de Prénovel

Vous qui rêvez de découvrir les paysages particuliers d'Europe du Nord, la tourbière de Prénovel vous en donnera un avant-goût. L'étonnement est garanti...

La tourbière de Prénovel est un microcosme, fermé par une bordure d'arbres chétifs et disséminés et bordé d'une frange d'herbes dédaignées par la faux. C'est un marais acide, une relique de la dernière période glaciaire. Il est le fruit d'une lente évolution dont le climat, le relief, et certaines mousses – les sphaignes – sont les artisans.

▶ ❶ *Au carrefour du centre du village, prenez la direction de Prénovel-de-Bise puis, immédiatement la route à droite en direction du sentier de découverte de la Tourbière. Suivre le panneau du Parc naturel du Haut-Jura en direction du sentier de découverte de la Tourbière. Vous descendez par une petite route qui traverse des prairies de fauche.*

Hirondelle de fenêtre

Près du bief du Nanchez, les prairies deviennent plus humides, vous rencontrez la renouée bistorte, la grande pimprenelle, l'angélique sylvestre, la potentille tormentille et le myosotis des marais.

▶ ❷ *Après le pont qui traverse le ruisseau du Nanchez, le sentier remonte jusqu'à un croisement où il est recommandé de laisser la voiture. Suivez à pied, à gauche, le chemin de crête dénommé "le Cotat Bossu" pendant environ 10 minutes et dépassez un premier panneau de signalisation du Parc naturel régional du Haut-Jura.*

La drosera est une plante carnivore

Vous traversez alors des prairies sèches plus ou moins entretenues en pâtures où les gaillets, le millepertuis perforé et les orchidées (orchis mâle, nigritelle) sont abondants.

Carte IGN 3327 OT (1 cm = 250 m)

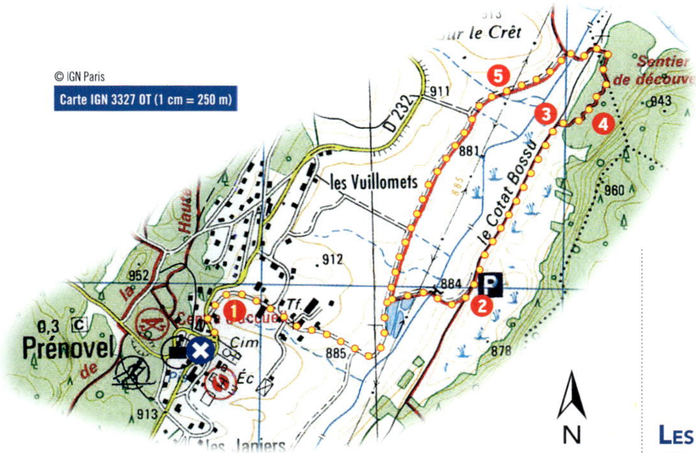

De part et d'autre du monticule calcaire, deux milieux évoluent de manière différente : à l'ouest, des marais, à l'est, des tourbières. Un élément leur est commun, l'eau.

▶ ❸ *Prendre à droite les escaliers en bois qui descendent dans la tourbière. Suivez ensuite le passage en bois au milieu de la tourbière.*

Avant de rejoindre ce sentier, vous rencontrerez une prairie humide, où poussent la prêle des champs et la reine des prés. C'est le site favori du pipit farlouse. Son vol est caractéristique. Alternativement, l'oiseau s'élève puis descend comme un parachute, sans agiter les ailes, tout en lançant une courte phrase de chant. Le pipit aime les endroits humides et dégagés comme les tourbières en montagne. Il fait son nid au sol, sous une touffe. En sa compagnie, vous aurez peut-être la chance de voir la bergeronnette des ruisseaux, la pie-grièche écorcheur ou le crapaud sonneur à ventre jaune.

Le vol en parachute du pipit farlouse

▶ ❹ *De nombreuses bornes indiquent les particularités de la faune et de la flore.*

Les tourbières abritent des plantes et des insectes qui sont communs dans les pays nordiques mais exceptionnels sous nos latitudes. De nombreuses espèces sont rares ou spécifiques. Dans les parties les plus humides, la drosera, le trèfle d'eau et les

Les familiers du lieu

- Milan royal, milan noir, hirondelle de fenêtre, hirondelle de cheminée, martinet noir, bergeronnette des ruisseaux…
- Renard, sanglier, putois, chevreuil…
- Grenouille rousse, crapaud commun, lézard vivipare, vipère péliade…
- Lycène des tourbières (papillon), dolomède (araignée)…

Pie-grièche écorcheur

Feuilles de sphaigne

Quand les tourbières se forment

Les tourbières sont installées dans d'anciennes cuvettes lacustres, formées au moment de la fonte des glaciers (il y a 14 000 ans) et comblées par l'accumulation de sédiments. Le Jura est un cas particulier et exemplaire, où les tourbières bombées sont de véritables oasis organiques, acides et relativement humides, dispersés dans un pays minéral calcaire, au sol rapidement asséché. La formation de ce sol est un fait étonnant et peu fréquent dans la nature : la tourbe s'édifie bien davantage à partir de la biomasse morte provenant des êtres vivants qui peuplent la tourbière, qu'à partir des roches du sous-sol.

Naissance et évolution d'une tourbière dans le Haut-Jura

❶ Fin de l'époque glaciaire : naissance du lac

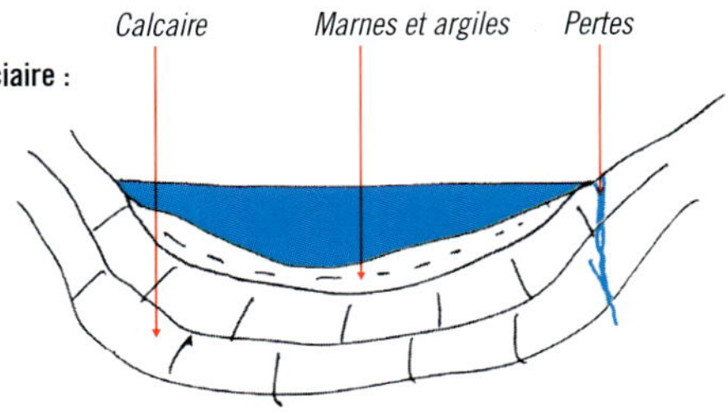

❷ Le lac se comble

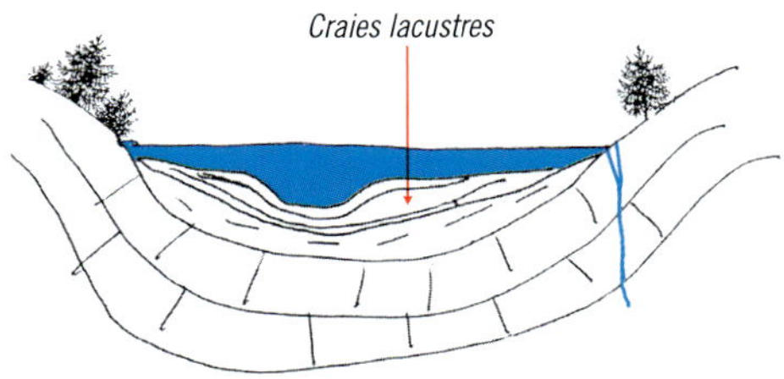

❸ Lac résiduel

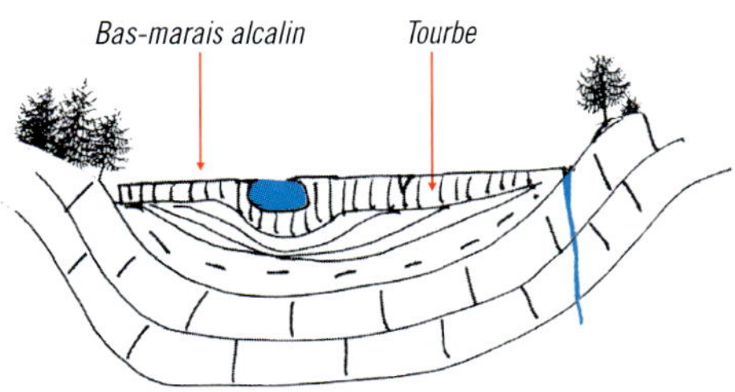

❹ Tourbière bombée

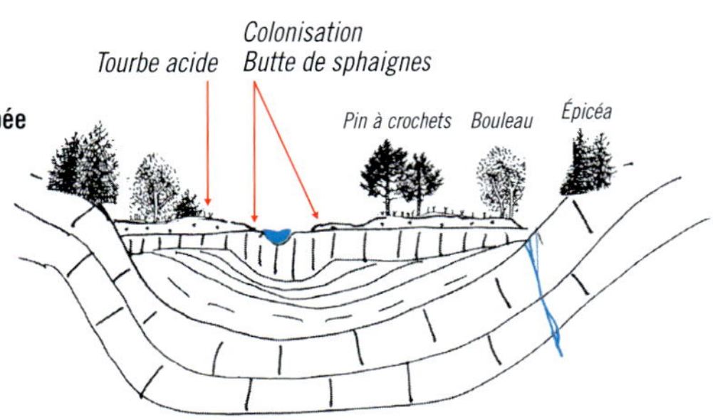

Réserve naturelle volontaire

La flore des tourbière est adaptée aux conditions particulières qui y règnent : pauvreté en éléments nutritifs, acidité, froid, sol physiologiquement sec. La végétation est basse. De nombreuses plantes vivent en association avec des champignons, d'autres sont carnivores ou semi-parasites. C'est un milieu naturel sensible. Ce sentier a pour objectif de concilier l'accueil du public et la préservation du site. Il traverse une réserve naturelle volontaire, instaurée par arrêté préfectoral à la demande des propriétaires.

sphaignes sont facilement observables. Vous pourrez distinguez ces dernières du premier coup d'œil, grâce à leurs couleurs. En effet si quelques espèces de sphaigne sont vertes, la majorité sécrètent des pigments et offrent des rouges éclatants, des oranges et des jaunes vifs, des beiges et des roses clairs, des bruns foncés. Les sphaignes constituent la plus grande partie de la masse végétale qui s'accumule sous vos pieds. Sur la tourbière bombée, la callune, l'airelle rouge, l'airelle des marais aux fruits blancs, la myrtille et la linaigrette croissent en compagnie du pin à crochet et du sorbier des oiseleurs.

▶ ❺ *En sortant de la tourbière, traversez à nouveau le ruisseau du Nanchez par une passerelle. Vous pouvez ensuite prendre à droite en direction de Prénovel-de-Bise, ou prendre à gauche pour revenir vers le village de Prénovel (vous suivez alors le balisage jaune VTT).*

Au passage vous croiserez le saule blanc, le circe des ruisseaux, l'œillet superbe et l'aconit napel.

▶ *Au retour, le chemin balisé est bordé de prairies de fauche.*

CPIE du Haut-Jura

Des sphaignes à la tourbe

Les feuilles des sphaignes ont une structure faite de petites cellules vivantes, responsables de la photosynthèse. Ce réseau englobe dans ses mailles de grandes cellules mortes, chargées du stockage de l'eau ; certaines espèces peuvent en garder 15 à 30 fois leur poids sec. Les sphaignes acidifient le milieu et créent ainsi un espace qui leur est favorable, en éliminant les concurrents potentiels. Elles poussent de façon continue : leur base ne pourrit pas mais se transforme lentement en une roche combustible renfermant jusqu'à 50 % de carbone : la tourbe.

PRATIQUE

À partir de Saint-Claude, rendez-vous à Saint-Lupicin par la D 436. De là, prenez la D 118 (au nord) puis la D 146 (à droite) jusqu'à Prénovel. Garez-vous sur la place de l'église.

La balade débute sur la petite route qui part, à droite, après le rond-point, en direction de Prénovel-de-Bise et de Chaux-des-Prés.

Comptez 2h30 pour faire la totalité du parcours (5 km). Le sentier est praticable par tous et aménagé sur un platelage dans la tourbière.

Pour les botanistes, la majorité des espèces fleurit fin mai et au mois de juin. Les photographes, amateurs de paysages, choisiront peut-être plutôt l'automne (fin septembre et octobre) pour les couleurs.

À une vingtaine de kilomètre en passant par Saint-Laurent : belvédère des Quatre-Lacs, commune de Chaux-du-Dombief (balade 12). Au village, prenez la direction des cascades du Hérisson. À la sortie du village, tournez tout de suite à droite en direction du pic de l'Aigle et du belvédère des Quatre-Lacs. Suivez la signalisation, sur la route forestière. Allez-y, de préférence, le matin.

10 km | 4h | Villards-d'Héria | Balisage jaune et rouge-blanc

19 | Les sources de l'**Héria**

Le lac d'Antre vu du haut du belvédère de la Roche d'Antre

Dans un écrin de forêt, le petit lac d'Antre se niche au creux de grandes falaises blanches. Le paysage n'est pas seulement bucolique, mais aussi mystérieux... Il recèle un site chargé d'histoire.

Pour les Celtes et les Gallo-Romains, ce lieu était sacré. Au bord du lac et des résurgences, ils avaient érigé des sanctuaires et de magnifiques thermes. L'eau, le karst, les sources, le torrent de l'Héria constituent le thème de cette balade.

▶ ❶ Au parking, devant la mairie de Villards-d'Héria, prenez la route goudronnée en direction du lac d'Antre.

Vous êtes sur l'ancienne voie du tacot qui reliait Lons-le-Saunier à Saint-Claude. La mairie actuelle du village était autrefois la gare de Villards-d'Héria.
Vous arrivez au niveau d'une ancienne tournerie qui exploitait la force motrice de l'eau pour faire fonctionner ses tours. Vous pouvez encore voir la roue.

▶ Tournez à gauche, traversez le petit pont et montez jusqu'aux fouilles gallo-romaines du pont des Arches, un important site archéologique. ❷ Un peu plus loin, depuis le carrefour "des communs", faites l'aller-retour en direction de deux résurgences temporaires de l'Héria, appelées Puits Blanc et Puits Noir. ❸ De retour au carrefour, suivez le sentier de

Renard

Bec-croisé, tête en bas

Le bec-croisé des sapins vit essentiellement en montagne dans les forêts d'épicéas. Pour extraire les graines des cônes de cet arbre, il se pose sur un fruit, la tête en bas. La forme spécialisée de son bec lui permet de soulever les écailles et d'attraper, avec sa langue, les deux graines. C'est quand il retire son bec que la pointe crochetée de ce dernier déchire souvent les écailles.

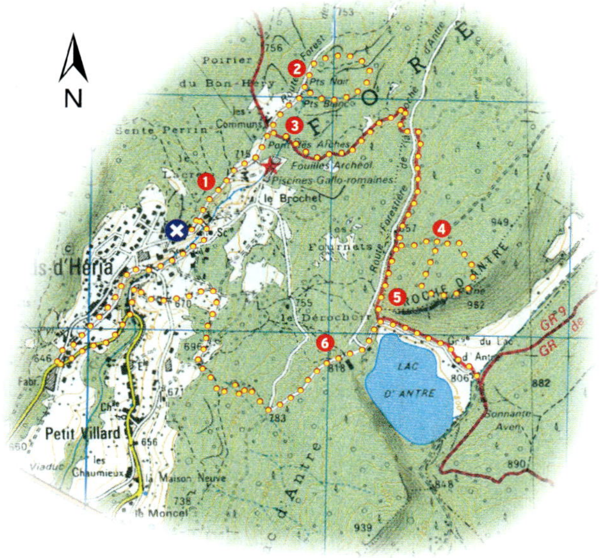

Carte IGN 3327 OT (1 cm = 300 m)

Les familiers du lieu

Grand corbeau, chouette hulotte, hibou moyen-duc, bécasse, canard colvert, cormoran…

Libellules, demoiselles…

randonnée. Il rejoint la route forestière de la Roche d'Antre. **4** *Faites un petit crochet jusqu'au belvédère de la Roche d'Antre.*

Vous traversez une belle futaie jardinée. Les essences les plus nombreuses sont le sapin, le hêtre et l'épicéa. Vous rencontrerez aussi quelques jeunes ifs que vous repérez facilement à la couleur rouge carmin sombre de leur tronc et à la souplesse de leurs aiguilles vert foncé. Le buis est très répandu car vous êtes sur un adret (le versant au soleil), à une altitude qui lui convient.

En montant vers le belvédère vous entendrez peut être le cri du pic noir ou encore le martèlement de son bec. Le bec-croisé des sapins fréquente aussi ce lieu. D'un bout de l'année à l'autre, cet oiseau ne consomme pratiquement que les graines d'épicéas. Il réussit même l'exploit d'en nourrir sa nichée, sous la neige, en plein mois de janvier. Cherchez les cônes dont les écailles sont fendues en deux par le milieu, ils témoignent de sa présence. Parmi les mammifères présents, les chevreuils et les renards sont nombreux.

Bec-croisé des sapins, mâle

Feuille et tronc de hêtre

Le Haut-Jura s'écoute

Asseyez-vous dans l'herbe et écoutez… L'ouïe peut offrir une découverte originale d'un territoire. C'est à partir de cette idée que le Parc naturel régional du Haut-Jura a décliné une série d'actions fondées sur l'existence d'un patrimoine sonore, établi par un inventaire réalisé en 1999. Chaque été (en juillet-août), le CPIE du Haut-Jura propose des randonnées pédestres sur ce thème (au lac d'Antre ou à Leschères). Vous y découvrirez la complicité entre un musicien, l'eau, les forêts et les roches. À partir de leurs jeux se construisent des échos et des résonances qui colorent certains sites de façon inattendue… Vous retrouverez cette ambiance lors des concerts organisés en plein air par le Parc naturel régional du Haut-Jura.

Tél. CPIE du Haut-Jura :
03 84 42 85 96

Tél. PNR du Haut-Jura :
03 84 34 12 30

Histoire d'eau

En 1866, les usiniers – qui possédaient des tourneries sur bois – ont construit un barrage sur le lac d'Antre pour agrandir le volume de la retenue et alimenter leurs usines construites au village. Ils savaient que l'eau cheminait sous terre pendant environ 12 heures pour parvenir jusqu'à la source du site du Pont des Arches. Dans un souci d'économie, ils montaient donc fermer l'écluse le matin puis redescendaient l'ouvrir le soir, pour faire tourner les roues à augets de leurs usines. Cet ancien barrage émerge pendant les périodes de longue sécheresse. L'ouvrage actuel est plus récent : il date de 1909.

Milan noir

Le belvédère de la Roche d'Antre est situé sur une corniche classée en arrêté de Biotope pour la présence du faucon pèlerin (il niche sur le site). De ce promontoire, vous découvrez les monts Jura, la vallée de la Bienne et les eaux mystérieuses du lac d'Antre. Très souvent le silence est rompu par les cris des milans noirs ou des buses qui viennent survoler le lac et les falaises.

▶ ❺ *Redescendez par la route, puis par un petit sentier jusqu'à la maison du Lac, un site sonore remarquable (voir encadré ci-contre).*

Le lac d'Antre est une retenue d'eau artificielle. À l'origine ce n'était qu'un marécage qui se remplissait d'eau à la fonte des neiges ou pendant les fortes pluies. En effet le sous-sol est constitué d'une couche argileuse imperméable. L'exutoire est une perte, une fissure dans la roche, très étroite. Des archéologues ont plongé dans le lac : ils y ont découvert une ancienne digue de terre qui servait déjà à retenir l'eau. On en ignore l'époque de construction. Peut-être est-elle gallo-romaine…

Libellules

Les lieux sont particulièrement beaux au printemps : de nombreux iris ponctuent de jaune la rive sud du lac. Ce sont ensuite les nénuphars jaunes qui fleurissent. Les bordures peu profondes sont envahies par la végétation. Vous

Héron cendré

remarquerez certainement les feuilles ovales du potamot : elles flottent à la surface de l'eau, tout comme celles du nénuphar. Toute cette végétation sert de refuge pour les oiseaux et les petits animaux. Foulques macroules et grèbes y nichent. Le héron vient s'y nourrir. Si vous êtes là à la fin du mois de mai, au moment où les jeunes crapauds communs ou grenouilles rousses s'éloignent de l'eau, vous serez fasciné par leur nombre.

Foulque macroule

▶ ❻ *Suivez la route forestière qui repart du lac.*

Vous arrivez au village de Villards-d'Héria par l'ancienne voie du tacot. Traversez l'Héria sur un petit pont (repérez les vestiges des anciens moulins).

▶ *Le retour à la mairie s'effectue par la route goudronnée située en contrebas.*

CPIE du Haut-Jura

La parade nuptiale du grèbe huppé

Grèbe huppé

Tendez encore l'oreille

Certains sons font partie de la culture des Haut Jurassiens. Quelques-uns sont audibles partout en France. D'autres ont une valeur patrimoniale : la montée à l'alpage des troupeaux en juin, le "bullage" des glaces du lac des Rousses en décembre, le klaxon de la micheline entre les tunnels et les viaducs dans les gorges de la Bienne ou le silence profond des premiers flocons de neige.

PRATIQUE

À partir de Moirans-en-Montagne, rejoignez Villards-d'Héria : en quittant la D 470 suivez la signalisation du site archéologique. Garez-vous près de la mairie du village.

La balade commence devant la mairie, au panneau de présentation de l'itinéraire. Le parcours est balisé par des traits jaunes sauf entre les points ❸ et ❺ (rouge et blanc). En plus du panneau n°1, devant la mairie de Villards-d'Héria, vous verrez trois autres panneaux qui vous renseigneront sur les moulins de Villards-d'Héria, le site archéologique, les résurgences du Puits Noir et du Puits Blanc, le panorama du belvédère de la Roche d'Antre. Ces panneaux d'interprétation et tables de lecture ont été mis en place par la Communauté de communes Jura-Sud.

Comptez 4 heures pour faire la totalité du parcours (10 km). Le sentier est praticable par tous à condition d'être chaussé correctement. La montée à la Roche d'Antre est plus difficile.

Toute l'année sauf sous la neige.

À voir : à 12 km, le barrage de Vouglans en juillet et août. EDF organise la visite de l'usine électrique et d'une partie de l'intérieur du barrage.

5 km | 2h | Bellefontaine | Balisage jaune et rouge-blanc

20| La Roche **Bernard**

Lac de Bellefontaine

Du haut du promontoire de la Roche Bernard s'exposent, comme des joyaux, les petits lacs glaciaires des Mortes et de Bellefontaine. Une balade d'exception.

Au pied des falaises de la forêt du Risoux, hérissée d'épicéas columnaires, s'étale un patchwork de marais et de tourbières. S'y mêlent des parcelles entretenues en prés de fauche, quand les machines agricoles peuvent y accéder. Chemins, routes et maisons sont installés sur le sol ferme. Dans ce puzzle chamarré, se nichent les lacs des Mortes et de Bellefontaine, séparés par une étroite langue morainique.

▶ *❶ Au lieu-dit "Sur les lacs" prenez la petite route sur 1,5 km jusqu'au panneau "La Feuillat (1 103 m)". ❷ Engagez-vous sur le chemin de gauche, qui vous mène aux contreforts du Risoux. Le sentier tourne à gauche avant les "Essarts (1 270 m)", après 1/2 h de montée.*

La forêt est une pessière d'altitude, exploitée en futaie jardinée. Les conditions climatiques y sont très dures. C'est le royaume du grand coq de bruyère et de la minuscule chouette chevêchette, grosse comme un moineau.

▶ *❸ Rejoignez le sentier balisé blanc et rouge. 20 mn suffisent pour gagner le belvédère de la Roche Bernard.*

Chamois en été

Ce promontoire (à 1 290 m d'altitude) s'avance au-dessus des lacs et des tourbières de Chapelle-des-Bois et de Bellefontaine. Le paysage est fantastique. Au centre : les surfaces brillantes des lacs, à peine ridées par le vent ; en face de vous, le ruisseau qui sort des Mortes serpente vers la droite, puis file vers les maisons, en arrière de la tourbière boisée. C'est là que le cours

À la rencontre des chamois

C'est en pleine falaise ou dans les éboulis du Piémont que vous aurez le plus de chance de voir des chamois. Ils sont maintenant très nombreux dans le Haut-Jura et, si vous êtes un peu attentif, vous pourrez vous retrouver face à une harde ou face à un vieux solitaire, occupé à ruminer quelques végétaux prélevés lors de ses escapades.

Carte IGN 3327 ET (1 cm = 250 m)

d'eau disparaît dans le sol. Creusées par les derniers glaciers, les combes offrent un relief plat et doux de moraine et de marnes. Les fonds humides et les tourbières sont ponctués de pins à crochets et de bouleaux pubescents. L'ensemble du site fait l'objet d'une étude pour Natura 2000.

▶ ❹ *Pour le retour, vous pouvez : soit filer droit devant vous (descente soutenue mais balisée jaune), soit reprendre le chemin de l'aller (retour plus tranquille).*

Avec un peu de chance, un chamois sera sur votre route !

CPIE du Haut-Jura

N

PRATIQUE

À partir de Bellefontaine, prenez la D 46 vers Chapelle-des-Bois. À 4,5 km, en face du chalet des Mortes (premier chalet à droite en forêt), engagez-vous sur la petite route à droite (balisage VTT). Elle longe et surplombe successivement les lacs des Mortes (dans le Doubs) et de Bellefontaine (dans le Jura). Garez-vous au gîte d'étape ou à l'indication "Sur les lacs (1 140 m)".

La balade commence sur la petite route, en allant vers Bellefontaine.

Comptez 2 heures (5 km) pour la boucle complète, ou 3h pour l'aller-retour à la Roche Bernard (7,2 km). Sentier praticable de mai à octobre (enneigement important en hiver sur le Risoux). Ayez de bonnes chaussures. Deuxième boucle possible : un petit sentier balisé passe entre les deux lacs, au bord des tourbières et rejoint la route au hameau des Mortes. Pour rejoindre votre voiture empruntez alors la petite route que vous avez prise pour gagner le point de départ de la balade. Comptez 2 heures de plus. Balisage rouge-blanc de ❶ à ❷, jaune de ❷ à ❸, rouge-blanc de ❸ à ❹, jaune pour redescendre.

C'est surtout avec les couleurs de l'automne que les zones humides sont les plus belles et les contrastes colorés les plus spectaculaires (juin à octobre).

À visiter : écomusée Maison Michaud (tél. 03 81 69 27 42) à Chapelle-des-Bois : après le village continuez vers Chaux Neuve jusqu'à une ferme typique du Haut-Doubs du XVIIe siècle, avec son tué (cheminée très large formant une véritable pièce dans laquelle on fumait la viande).

9 km | 4h | Bois-d'Amont | Balisage jaune et bleu-blanc

21 | **Pessière** d'altitude et pâturage estival

Orchidées de la Chaux Sèche

La forêt du Risoux, à une altitude comprise entre 1 000 et 1 400 m, fait partie d'un grand ensemble forestier qui se poursuit en Suisse et dans le Doubs. Des peuplements de grands tétras et de gélinottes attestent de l'intérêt exceptionnel du site.

Ici l'abondance des précipitations, les températures hivernales très rigoureuses donnent naissance à des sols acides où s'installent les épicéas et les myrtilles.

▶ *Au Crêtet suivez le chemin débutant en angle droit, à gauche, balisé en jaune et rouge, et partant dans la forêt ❶. La montée est raide pendant environ 500 m.*

Le chemin, à l'adret du val, est bordé de hêtres dont la luminosité des feuilles au printemps et le mordoré en automne contraste avec le vert sombre des épicéas. Il semble que ce versant riant du massif ait donné le nom "Risoux".

▶ ❷ *Peu avant le sommet, prenez le sentier à droite pour longer le dessus de la falaise et parvenir au belvédère de la Roche du Creux. Attention tenez la main des enfants, il n'y a pas de barrière en bordure du vide.*

Bécasse

La vue est très belle sur la vallée de l'Orbe et Bois-d'Amont. Vous localiserez aussi très facilement le poste de douane. Le belvédère est installé à cheval entre la France et la Suisse. De belles bornes, comme celle qui se trouve à côté de vous, balisent la frontière dans la forêt du Risoux.

Grand tétras

En bordure de falaise un intéressant groupement botanique de corniche pourra satisfaire votre curiosité : vous y trouverez

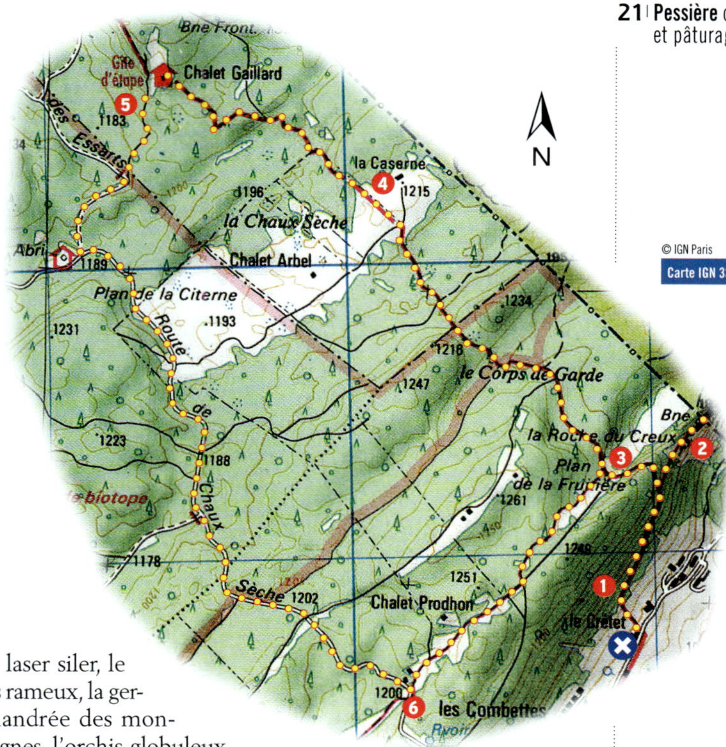

© IGN Paris

Carte IGN 3327 ET (1 cm = 250 m)

le laser siler, le lis rameux, la germandrée des montagnes, l'orchis globuleux et le beau cytise des Alpes. Le laser siler est visible de loin grâce à ses fleurs groupées en grandes ombelles blanches. L'antéricum rameux ou lis rameux comporte, comme son nom l'indique, une tige rameuse où de nombreuses petites fleurs blanches (1 cm de diamètre) sont du plus bel effet.

▶ ❸ *Revenez sur vos pas et reprenez le sentier à droite. Après un virage en épingle à cheveux le chemin descend progressivement vers le centre du massif (de 1 250 m à 1 200 m).*

Le hêtre, essence dominante des coteaux à pente raide bordant le chemin, se raréfie tandis que les buissons de myrtilles et d'airelles sont de plus en plus nombreux.
L'épicéa est l'arbre roi de la forêt, installée sur la roche calcaire. Il est accompagné de l'érable sycomore, du sorbier des oiseleurs et de l'alisier petit néflier. Chèvrefeuilles, framboisiers et ronces sont abondants. Les buissons de myrtilles émergent au-dessus de la mousse. Dans les dépressions remplies d'argile de décalcification, de belles mégaphorbiaies s'installent.

▶ *Vous rejoignez ainsi la clairière de Chaux-Sèche.*

Les familiers du lieu

Chouette chevêchette, bec-croisé des sapins, pic noir, pic épeiche, lièvre, merle à plastron, grimpereau, mésange huppée, mésange boréale…

Chevreuil, sanglier, renard, blaireau, martre…

Grand mais fragile

L'hiver venu, le grand tétras a besoin de repos pour réduire ses pertes d'énergies quand il se déplace et pouvoir vivre de ses réserves de graisses. Dérangé trop fréquemment par les skieurs ou les promeneurs en raquettes, il peut mourir d'épuisement car les aiguilles de sapins et de pins lui apportent peu de calories. Un arrêté de Biotope à grand tétras a été pris en 1990 pour deux secteurs : la forêt du Massacre et celle du Risoux. Les objectifs de cet acte sont les suivants : connaître et suivre la population d'oiseaux, gérer la culture de la forêt de façon appropriée, réglementer l'accès et informer les techniciens et le public.

Mésange huppée

Chaux-Sèche est une clairière aménagée dans la forêt du Risoux, là où le sol calcaire est recouvert par une petite couche d'alluvions glaciaires qui imperméabilise quelque peu le sol. Mais la surface est pleine de fuites où l'eau se perd dans de vastes creux arrondis, appelés dolines, qui parsèment les prés. Observez qu'à chacun des trous aboutit une (ou plusieurs) petites vallées sèches qui se remplissent d'eau par temps de fortes pluies ou de fonte des neiges.

Au début de l'été, la prairie est couverte des taches jaunes de la potentille de Crantz et de l'anthyllis vulnéraire. Des fleurs rouge sombre attirent le regard : ce sont des nigritelles, de jolies orchidées. Vous pourrez aussi observer la campanule en thyrse, la campanule rhomboïdale et la raiponce orbiculaire.

▶ *Passez à côté du chalet de la Caserne ❹ et continuez dans la forêt par le chemin balisé jusqu'au Chalet Gaillard (1 232 m) ❺.*

Vous êtes maintenant au cœur de la forêt du Risoux. Si, de loin, le massif a la même physionomie qu'une hêtraie-sapinière (balade 17), un examen plus attentif vous permettra d'en distinguer les différences. Ici la futaie est dominée par l'épicéa ; le sapin et le hêtre n'occupent plus qu'une place subalterne. Dans le sous-bois la caractéristique la plus frappante est le grand développement de la myrtille et de l'airelle. Au sol vous retrouvez les mêmes espèces que dans la hêtraie-sapinière, avec quelques plantes rares

Le fruit mûr de la myrtille

Étage subalpin

Étage montagnard

Étage collinéen

L'étagement de la végétation

- *Étage subalpin (entre 1 500 et 2 000 m) : les feuillus disparaissent*
- *Étage montagnard (entre 1 000 et 1 500 m) : la forêt est mixte (hêtre, épicéa…)*
- *Étage collinéen (moins de 1 000 m) : toutes les espèces qui ne sont pas spécifiquement montagnardes peuvent vivre*

et protégées comme la listère, la pirole et des mousses diverses. Ce type de forêt est cantonné dans les endroits les plus froids et, toujours, sur un lapiaz ouvert. Le microclimat très rude entrave la décomposition de la matière organique qui forme une couche humifère acide, qualifiée d'humus brut par les pédologues. Dans la forêt du Risoux, les rigueurs du climat sont accentuées par le relief. Le centre du massif forestier est en creux, ce qui renforce encore les effets du gel. Observez les épicéas, ils ont souvent la forme de colonne (épicéas columnaires). Les branches sont plaquées au tronc. C'est une adaptation aux fortes chutes de neige. La pauvreté du sol crevassé de lésines, phénomène bien visible au bord du chemin, ralentit leur croissance, leur donnant une veine régulière et fine, recherchée pour les bois de lutherie.

Lièvre

Épicéas columnaires

▶ *Rejoignez (à gauche) la route forestière des Essarts et continuez à gauche sur la route de Chaux-Sèche en direction de Bois-d'Amont. Dépassez la clairière puis la route des Combettes aux Quilles. Après une bonne montée, continuez jusqu'à la cote 1 200 où deux chalets dominent la route forestière.* ❻ *Tournez à gauche sur un chemin balisé en bleu et blanc. Le sentier monte puis redescend sur le Plan de la Fruitière où vous retrouvez le chemin du départ.*

CPIE du Haut-Jura

Le régime du grand tétras

La forêt du Risoux est le domaine exclusif d'hivernage du grand tétras, le plus gros représentant des gallinacés. Il choisit quelques sapins pour la richesse en azote de leurs aiguilles, qu'il "broute" régulièrement hiver après hiver. Au moment de la reproduction, il ébourgeonne les hêtres et les sorbiers et se gave de châtons de saules. En été, le grand tétras consomme des feuilles, des fleurs, des myrtilles, des framboises et des cynorrhodons. Les longues branches horizontales des hêtres lui offrent des perchoirs sûrs pour son repos nocturne, hors d'atteinte des incursions de la martre.

PRATIQUE

- ▶ Prenez, au nord-ouest de Bois-d'Amont, la direction du Crêtet. Au Crêtet, garez-vous le long de la route.
- ✖ Une large piste de ski de fond part à travers les pâturages, sur la droite.
- Comptez 4 heures pour faire les 9 km de balade. Le sentier est praticable par tous à condition d'être chaussé correctement.
- Le site est accessible à pied uniquement à partir du mois de juin et jusqu'au début octobre.
- À voir : le musée de la Boissellerie à Bois-d'Amont sur le thème du bois d'épicéas et de son utilisation (tél. 03 84 60 98 79), contact@museedelaboissellerie.com.

8 km | 3h | Longchaumois | Balisage jaune

22 | Dans la hêtraie-sapinière du **bois de la Sambine**

Sous les hêtres du bois de la Sambine

Le bois de la Sambine, situé à proximité de la station des Rousses, est resté sauvage. C'est une hêtraie-sapinière typique de la moyenne montagne jurassienne.

On compte cinq espèces d'oiseaux protégés en France et six en Europe sur ce site encore préservé des aménagements touristiques. Les falaises de Pellas et de Thiavy, qui jouxtent le sommet du mont Fier, font l'objet d'un arrêté préfectoral de protection de biotope pour la sauvegarde du faucon pèlerin.

▶ *Revenez vers Longchaumois par la D 69e, sur 500 m environ. À l'intérieur d'un grand virage, au lieu-dit "Le Poteau", prenez le chemin de randonnée* ❶*. Le chemin est bordé de murs de pierres sèches. Traversez les pâturages et montez vers les prés-bois.* ❷ *En entrant dans la forêt, continuez sur le même chemin.*

Vous traversez une hêtraie-sapinière. Par son étendue, sa richesse floristique et sa productivité, c'est le type forestier le plus important dans le Haut-Jura. Les forestiers favorisent souvent l'épicéa, si bien que le hêtre peut être presque absent. Érables sycomores et sorbiers des oiseleurs sont peu nombreux, mais caractéristiques. Chèvrefeuilles noirs, groseilliers des Alpes, framboisiers et sureaux à grappes se mêlent aux jeunes générations d'arbres. Parmi les herbacées, le sceau de Salomon verticillé (commun dans les hêtraies-sapinières), le géranium des bois, la dentaire pennée (fleurs souvent blanches), la barbe de bouc ou reine des bois (spectaculaire lorsqu'elle étale sa panicule allongée de très petites fleurs

Femelle

Pic noir mâle

Géant noir

Dès le mois de février, en forêt, vous entendrez le tambourinage du pic noir. Il porte à plus de 1 km, dure 2 à 3 secondes et peut être comparé à une rafale de mitrailleuse. Le chant de ce géant des pics ressemble à celui du pic vert. Chaque année, l'oiseau creuse une chambre dans un hêtre à 10-20 m de hauteur. Les fourmis trouvées à terre ou dans les épicéas constituent son menu qu'il complète avec des graines de conifères, de la sève et de l'écorce de jeunes arbres.

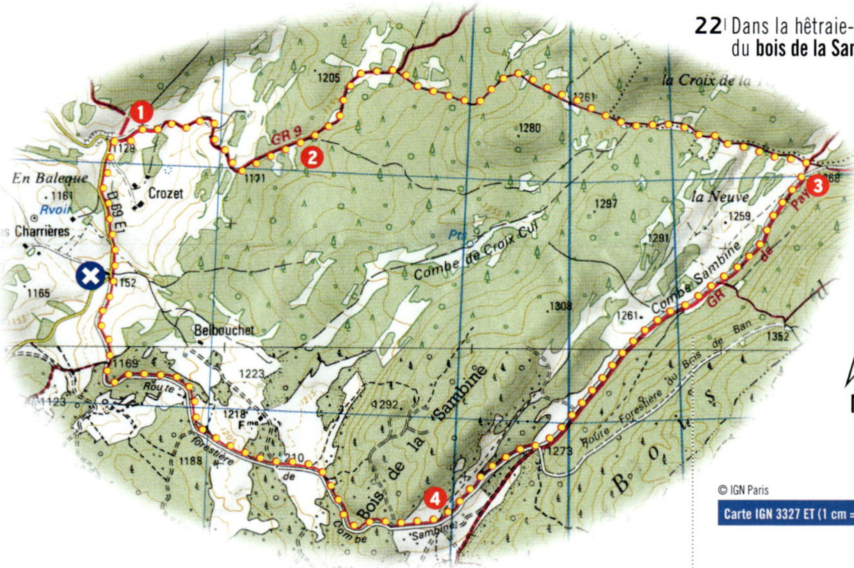

© IGN Paris

Carte IGN 3327 ET (1 cm = 310 m)

blanches, de juin à août) et l'asaret d'Europe émergent d'un épais tapis de mousses. C'est le domaine d'espèces protégées comme le grand tétras et la gélinotte.

▶ ❸ *Suivez la route forestière de la Combe Sambine, vers Longchaumois. Balisage jaune et rouge.*

La combe est couverte de pâturages très fleuris en été : épilobes, géraniums… En haut de la combe, vers le sud-ouest, la vue est belle sur les sommets du Jura. De gauche à droite : mont Rond, Colomby de Gex, crêt de la Neige, Reculet.

▶ ❹ *Suivez la route de Longchaumois jusqu'au parking. Balisage jaune.*

CPIE du Haut-Jura

Grand tétras, femelle en vol

PRATIQUE

▶ À partir de Saint-Claude, suivez la D 69 jusqu'à Longchaumois. De là, prenez une petite route (D 69e) conduisant à Haut-Crêt et Lamoura. Après le hameau de Rosset, garez-vous sur un petit parking situé au croisement avec la D 304, au lieu-dit "Le Poteau".

✖ Prenez à pied la D 69e, sur 500 m. Suivez le chemin de randonnée.

Comptez 3 heures pour 8 km. Sentier praticable par tous avec de bonnes chaussures.

Site accessible à pied de mai à début octobre. L'enneigement est abondant. C'est fin du mois de mai et en juin que vous profiterez le plus de la période de floraison.

i Maison de la Flore à Longchaumois : exposition de fleurs (fraîches) du Haut-Jura, d'insectes locaux naturalisés… En juillet et août : visites guidées organisées avec le CPIE du Haut-Jura sur des thèmes botaniques (parc de Maison de la Flore et sentier des Moulins Piquant).

4,5 km | 2h30 | La Pesse | Balisage jaune

23 | Le crêt de **Chalam**

Les estives de Chalam

Ce triangle calcaire domine le dernier massif montagneux avant les monts Jura. Son sommet herbeux, entouré de forêts, couronne des pâturages d'estive et des prés-bois.

Le crêt de Chalam est situé au nord-ouest du crêt de la Neige, le point culminant du Jura. On suppose que l'appellation "Chalam" vient de "mont chauve" ou "chaume" (signifiant étendue d'herbes).

▶ *Suivez, sur quelques centaines de mètres, le sentier balisé (blanc et rouge). Puis prenez, à gauche un chemin forestier (balisage points jaunes), bien marqué* ❶.

Le chemin est souvent boueux. Dans les ornières remplies d'eau, laissées par le débardage du bois, vous observerez (fin mai et en juin) les nombreux animaux qui viennent y pondre : grenouilles rousses, crapauds communs et tritons alpestres, au ventre orange. Plus tard dans l'année, vous verrez des têtards et des petits tritons, avec leurs branchies placées de chaque côté de la tête. Épicéas bicentenaires, forte humidité et végétation luxuriante au sol vous guident jusqu'aux clairières des estives de Chalam (en ruines). Chaque espace un peu plus vaste est occupé par les mégaphorbiaies à adénostyle et à laitue des Alpes.

▶ *En 3/4 d'heure, vous êtes à l'aplomb sud du sommet. Les derniers mètres sont raides, mais sans danger.*

Dès les premiers beaux jours, les petites gentianes printanières bleues recouvrent le sommet. Le lis martagon est une espèce protégée que vous rencontrerez plus tard dans la saison, un peu plus bas sur les pentes.

Par temps clair, une vue à 360° s'ouvre sur les monts Jura, le mont Blanc, les Alpes et le Dauphiné. À l'ouest, le Jura ondule en plis successifs. La Pesse, Belleydoux, et la croix des Bouchoux se distinguent clairement. ❷ Le retour par l'arête nord prolonge, pour quelques minutes encore, le panorama des crêtes.

▶ ❸ *Au col de l'Encoche (marqué d'un pieu), suivez le balisage qui vous ramène au point de départ.*

La borne au Lion

Elle marquait, au début du XVIIe siècle, la frontière entre le royaume de France, le duché de Savoie et la Franche-Comté. Cette borne porte sur une face les trois fleurs de lys de la royauté, à laquelle étaient rattachés le Bugey et le pays de Gex ; sur sa face nord, le lion de Franche-Comté, possession espagnole ; sur sa face est, la croix de Savoie. Après le traité de Nimègue (1678), la Franche-Comté fut annexée par la France. En 1760 ce fut au tour de la Valserine, savoyarde. Le Couloir sarde ou chemin des Espagnols, qui descend de la borne au Lion à Chézery-Forens, devint aussi français.

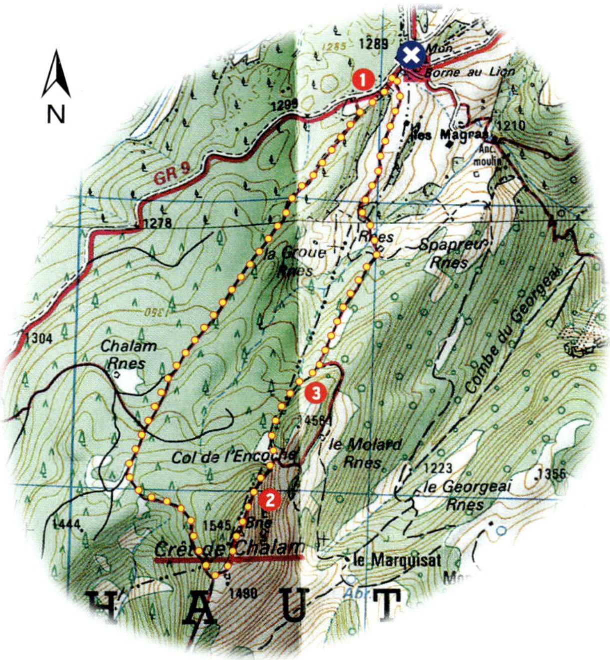

© IGN Paris

Carte IGN 3328 OT (1 cm = 250 m)

Laitue des Alpes

Sur les pentes ensoleillées, à la lisière de la forêt, vous croiserez de grosses fourmilières, souvent installées au pied des épicéas. Elles sont occupées par la fourmi rousse des bois.

CPIE du Haut-Jura

PRATIQUE

À partir de Saint-Claude, prenez la D 124 vers le sud ; tournez à gauche vers les Bouchoux puis à droite pour rejoindre la Pesse. De là, prenez vers l'est, en face de l'église, une petite route et roulez pendant quelques kilomètres jusqu'à la borne au Lion où la route se termine. Grand parking.

La balade commence sur le sentier balisé rouge et blanc, en direction de Giron, vers le sud.

Comptez 2h30 pour 4,5 km de marche. Sentier praticable par tous à condition d'être chaussé correctement. Il peut être très humide en certains endroits.

Site est accessible à pied uniquement du mois de mai au début du mois d'octobre. L'enneigement est abondant. C'est fin mai et en juin que vous profiterez le plus de la période de floraison.

À la fromagerie des Moussières (à 7 km de La Pesse, visite gratuite), vous pourrez assister à la fabrication des fromages et acheter du bleu de Gex, du comté et du morbier (AOC locaux).

Les **CPIE** du Jura

Les deux Centres Permanents d'Initiatives pour l'Environnement du Jura (CPIE) sont installés sur le territoire du département, l'un sur la plaine du Jura, entre le Revermont et la Bresse, l'autre au cœur du Parc naturel régional du Haut-Jura.

Randonnée dans le Haut-Jura

Chercher, développer, transmettre

Les CPIE fondent leur action éducative sur deux priorités : la préservation et la gestion de l'environnement et l'épanouissement de l'individu au contact de la nature. Ils agissent avec les acteurs locaux pour valoriser et développer de manière durable un territoire : animations auprès des scolaires et des populations locale et touristique, formation, conception de programmes et outils pédagogiques, valorisation et interprétation de sites, conduite de projets de développement local.

Accueillir et animer

Chaque été, le CPIE du Haut-Jura, à la demande du Parc naturel régional et de la ville de Saint-Claude, vous accompagne lors des animations estivales, consacrées à la mise en valeur des richesses naturelles et culturelles du Haut-Jura. Il propose aussi, pendant toute l'année, des balades à thème (programme sur demande).

Pendant les vacances scolaires, le CPIE Bresse du Jura organise des centres de loisirs sans hébergement pour les enfants de 6 à 12 ans sur des thèmes nature : nourrir les oiseaux en hiver, créer avec la nature, découvrir les étangs... Le CPIE accueille les groupes scolaires et touristiques à la Maison de la Nature à Arlay (sur rendez-vous) : exposition permanente et découverte du site.

Avec les enfants, pêche d'étang

CPIE Bresse du Jura

CPIE Bresse du Jura
18, rue des deux ponts
39230 SELLIERES.
Tél. 03 84 85 12 75
www.cpie-bresse-jura.org

CPIE Haut-Jura

CPIE du Haut-Jura
1, Grande-Rue
39170 Saint-Lupicin
Tél. 03 84 42 85 96
Fax : 03 84 42 11 01
contact@cpie-haut-jura.org
www.cpie-haut-jura.org

Sorties **nature**

La balade nature rencontre un succès croissant. Les organismes et associations ci-après proposent des sorties ou des activités encadrées par des animateurs.

▶ Comité départemental du Tourisme du Jura

Pour tout savoir sur les activités touristiques du Jura.

17 Rue Rouget de Lisle,
39009 Lons-le-Saunier.
Tél. 03 84 87 08 77.
www.cdt-jura.fr

▶ Parc naturel régional du Haut-Jura

Voir p. 56.

Maison du parc du Haut-Jura • 39310 Lajoux
Tél. 03 84 34 12 30
parc@parc-haut-jura.fr

▶ ONF Jura

En été : visites guidées dans la forêt de la Joux (ONF Poligny : 03 84 37 13 67, voir balade 11) et dans la forêt de Chaux (ONF Dole : 03 84 82 09 21).

535, rue de la Bercaille
39000 Lons-le-Saunier
Tél. 03 84 24 42 89
www.onf.fr

▶ Association pour le développement et l'aménagement de la Petite Montagne (ADAPEMONT)

Randonnées à thème en Petite Montagne. Voir balades 15 et 16.

Maison de la Petite Montagne
39320 Saint-Julien
Tél. 03 84 85 47 91
adapemont@adapemont.asso.fr
www.adapemont.asso.fr

▶ Jura Nature Environnement

Cette fédération regroupe des associations de connaissance et de protection de l'environnement. Elle joue un rôle de formation, de coordination et d'animation.

21, avenue Jean Moulin
39000 Lons-le-Saunier
Tél. 03 84 47 24 11
contact@jne.asso.fr
www.jne.asso.fr

▶ Conservatoire Régional des Espaces Naturels de Franche-Comté

Cette association présente, à la demande, les actions entreprises sur les sites naturels dont elle a la gestion.

7, rue Voirin • 25000 Besançon
Tél. 03 81 53 04 20
Fax : 03 81 61 66 21
contact@cen-franchecomte.org
www.cen-franchecomte.org

▶ Association des Villages de la forêt de Chaux

Cette association a pour vocation la sauvegarde du patrimoine culturel et

La Fondation Nicolas Hulot pour la Nature et l'Homme

FONDATION NICOLAS HULOT POUR LA NATURE ET L'HOMME

Créée en 1990, sa vocation est de promouvoir le développement de l'éducation à l'environnement et de sensibiliser et responsabiliser jeunes et adultes en les soutenant dans des actions concrètes. Elle est la première fondation française reconnue d'utilité publique dans le domaine de l'éducation à l'environnement.

FNH - 6, rue de l'Est - 92100 Boulogne-Billancourt • Tél : 01 41 22 10 70 - www.fondation-nicolas-hulot.org

architectural de la forêt de Chaux : expositions, veillées, restaurations de sites anciens, aménagement de sentiers touristiques... Voir balade 2.

Mairie • 39700 Etrepigney
Tél. 03 84 71 31 12

▶ Espace botanique du Frasnois

Jardin de plantes médicinales, exposition et sentier botaniques. Visites accompagnées et possibilité de séjours "botanique et plantes médicinales". Voir balade 12.

Hameau de la Fromagerie
39130 Le Frasnois
Tél. 03 84 25 57 27

▶ Maison de la Flore

Exposition de fleurs fraîches, arboretum, vidéo nature... Visites organisées par le CPIE du Haut-Jura.

3, rue Recrettes • 39400 Longchaumois
Tél. 03 84 60 66 94
www.maisondelaflore.com

▶ Groupe Ornithologique du Jura

Organise des sorties nature pour tout public.

2, rue de Pavigny • 39000 Lons-le-Saunier
Tél. 03 84 24 45 45 ou 03 84 51 25 15

▶ Société d'Histoire naturelle du Jura et des amis de la nature

Conférences naturalistes accessibles à tous.

Mairie
39000 Lons-le-Saunier
Tél. 03 84 24 39 66

▶ Dole Environnement

Sorties nature pour le grand public.

27 Rue de la Sous-Préfecture • 39100 Dole
Tél. 09 51 10 85 50
www.reserve-iledugirard.org/lassociation

▶ LPO Franche-Comté

Sorties nature pour le grand public.

Maison de l'Environnement
7, rue Voisin • 25000 Besançon
Tél. 03 81 50 43 10
franche-comte@lpo.fr
www.franche-comte.lpo.fr

▶ Association ornithologique de Dole et région

Sorties nature pour le grand public.

5, rue de la Platière • 39100 Dole
Tél. 03 84 82 23 49

▶ Centre permanent d'Initiatives pour l'Environnement (CPIE) du Haut-Doubs

8, rue Charles-le-Téméraire
25560 La Rivière-Drugeon
Tél. 03 81 49 82 99
contact@cpiehautdoubs.org
cpiehautdoubs.org

▶ Association Bol d'air, la nature accessible

Rue du Docteur Droux • 39300 Chapois
Tél. 03 84 51 49 90
contact@boldairjura.fr
www.boldairjura.fr

▶ Syndicat National des Accompagnateurs en Montagne (Massif Jurassien)

Contact : Christian Begin
Tél. 03 84 51 98 83
xtian.begin@wanadoo.fr

▶ Les Grandes Traversées du Jura

15-17, Grande rue
39150 Les Planches-en-Montagne
Tél. 03 84 51 51 51
info@gtj.asso.fr
www.gtj.asso.fr

▶ Serre Vivante

Sorties sur le terrain, expositions, conférences et publications.

Ferme GAEC de l'Aubépine
Rue du Mortier
39290 Menotey
Tél. 03 84 70 20 13
serre.vivante@wanadoo.fr
http://perso.orange.fr/serre-vivante

Le Carnet du **naturaliste**

Faune du Jura

Légende

- ► Signes distinctifs
- ● Habitat typique
- ▲ Migrateur

(Migrateur partiel : mouvement de population uniquement. L'espèce reste visible toute l'année).

- ✚ Période de présence dans la région

Mammifères

- Poids
- ↔ Longueur
- ↕ Hauteur

Oiseaux

- Poids
- ↔ Longueur
- ↕ Envergure

La longueur comprend, pour les mammifères et les oiseaux, la queue.

Cygnus olor : nom scientifique

Chauve-souris

3,5-8 g
3-6 cm
18-24 cm

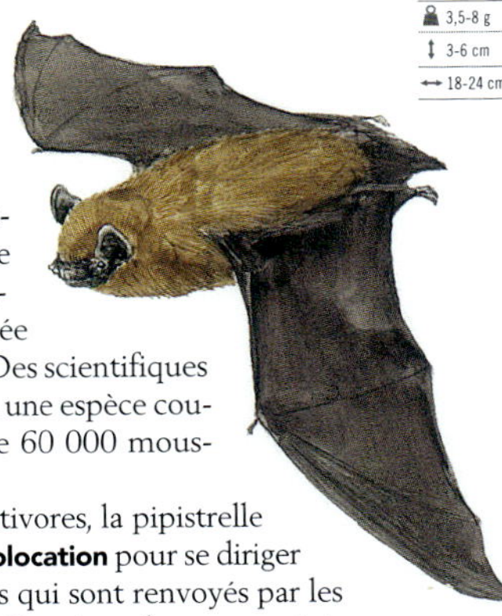

Pipistrelle commune

Pipistrellus pipistrellus

✚ Hiberne de novembre à mars

Les chauves-souris les plus communes sont aussi les plus petites : les **pipistrelles**. Nocturnes, ces **mammifères** chassent souvent autour des réverbères dont la lumière attire de nombreux moucherons et papillons. Elles peuvent dévorer en une soirée près de 30 % de leur poids en **insectes**. Des scientifiques ont calculé que le murin de Daubenton, une espèce cousine de la pipistrelle mangeait quelque 60 000 moustiques de mai à octobre !
Comme toutes les chauves-souris insectivores, la pipistrelle est équipée d'un système de radar à **écholocation** pour se diriger dans l'obscurité. Elle émet des ultrasons qui sont renvoyés par les obstacles ou les proies (comme un écho). Certaines chauves-souris impatientes sortent un peu avant le crépuscule, mais elles se cachent généralement le jour dans les arbres creux, les grottes, les greniers et parfois derrière des volets. La **Franche-Comté** accueille 27 espèces de chauves-souris sur 29 connues en France. Les forêts et les cavités des formations karstiques leur offrent de nombreux abris.

Blaireau *Meles meles*

Blaireaux à la sortie du terrier. Hésitation et méfiance sont de rigueur.

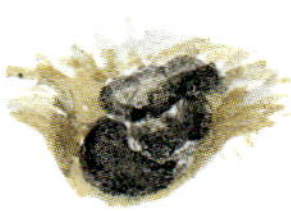

Le blaireau dépose ses crottes dans un "pot", petit trou dans le sol, contrairement au renard, qui les pose en évidence au milieu des chemins.

Sous son air pataud, le blaireau cache un tempérament **vif** et nerveux. Classé dans la famille des mustélidés, il n'en a pourtant pas l'aspect. Grâce à ses puissantes pattes avant, le blaireau creuse des **terriers** où il demeure durant la journée. Vous pourrez facilement les reconnaître : les entrées des galeries, d'un diamètre d'au moins 25 centimètres, sont surmontées d'un tas de déblais ou d'herbes de litière ; des traces de pas sont parfois visibles. Souvent, les terriers sont regroupés en un même endroit appelé **village** car le blaireau vit en clan, généralement familial. Ses mœurs nocturnes en font un animal discret. Sa nourriture est variée : vers, charognes, insectes, rongeurs, fruits, etc. Les gazages systématiques pratiqués durant de nombreuses années (aujourd'hui interdits par la loi) ont fait nettement régresser les populations de ce sympathique mammifère. Myope, mais doté d'un **odorat** infaillible, le blaireau est difficile à surprendre. Pour l'observer, placez-vous près de son terrier avant la fin du jour, toujours face au vent, ou mieux, perchez-vous dans un arbre.

▶ Massif, corps plutôt aplati, tête noir et blanc, dos gris

● Forêts, bois, prairies, haies…

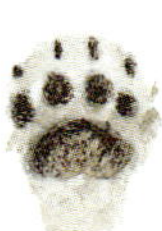

10-20 kg
80-90 cm

Petits **carnivores**

Mustélidés

Les mustélidés sont de petits mammifères **carnivores** au corps allongé. La **belette** et l'**hermine** en sont les deux plus **petits** représentants. Toutes deux parviennent à se faufiler dans les galeries de campagnols. La **martre** et la **fouine**, plus grosses, se ressemblent beaucoup : la martre (en régression) est l'hôte des forêts, la fouine préfère les villes et les villages. Le **putois** européen n'a rien à voir avec la célèbre mouflette des États-Unis, héroïne de dessins animés… Mais il peut lui aussi émettre une odeur nauséabonde lorsqu'il est blessé ou stressé. Ces animaux ont la **réputation** d'être sanguinaires, cruels et nuisibles, ce qui est faux. **Prédateurs** des petits rongeurs, ils ont leur **rôle** dans l'équilibre naturel.

La laissée des mustélidés est noueuse et en pointe.

800 g-1,6 kg
65-80 cm

Martre
Martes martes

▶ Bavette jaunâtre, museau noir

● Bois, forêts de feuillus ou de résineux

1,3-2,1 kg
65-77 cm

Fouine
Martes foina

▶ Bavette blanche et fourchue qui descend jusque sur les pattes de devant, truffe rose

● Généralement à proximité des habitations

0,5-1 kg
45-65 cm

Putois
Mustela putorius

▶ Reconnaissable à son masque, museau, pointe des oreilles et sourcils blancs jaunâtres

● Zones humides, bords de cours d'eau, haies…

Hermine
Mustela erminea

200 g
25-45 cm

Pelage d'hiver

▶ Ressemble à la belette sauf l'extrémité de sa queue qui est noire

● Haies, lisières, jardins, bois…

Belette
Mustela nivalis

40-130 g
17-27 cm

Mulot

▶ À peine plus gros qu'un campagnol ! Plus petit carnivore d'Europe

● Parcs, prairies, jardins, forêts, haies, champs, friches…

Chat forestier

Felis sylvestris

▶ Ressemble aux chats domestiques “tigrés”, colonne vertébrale sombre, queue épaisse, annelée et assez courte

● Forêts tranquilles, prairies de fauche bordées de bois, zones riches en broussailles et en haies, rochers…

Ce **chat sauvage** vit principalement en forêt. D’une taille supérieure à celle de son cousin domestique, il peut pourtant être confondu avec lui. Les petits rongeurs constituent plus de 90 % de son alimentation. **Discret** et **très farouche**, vous pourrez néanmoins observer le chat forestier au petit matin dans les prairies fraîchement fauchées, entourées de bois. Protégé depuis 1979, il ne semble plus menacé en France.

4-5 kg

60-115 cm

À poils et à mamelles

Qu’est-ce qu’un mammifère ? Une question toute simple en apparence mais êtes-vous capable d’y répondre ? Un mammifère, c’est un animal à poils et à mamelles. Comme l’homme. Autres caractéristiques : les mammifères sont vivipares – leurs œufs sont à l’intérieur – et ils développent tous un instinct maternel. Enfin, ils n’ont généralement pas une bonne vue (sauf les félins) mais possèdent en revanche une ouïe et un odorat développés.

Lynx

Felis lynx

▶ Grand chat, queue courte, pinceaux sur les oreilles, pelage plus ou moins moucheté, pattes puissantes

● Grandes forêts de montagne

Le lynx, présent partout dans le Jura, avait **disparu** en 1885. C’est aujourd’hui une **espèce protégée**. Depuis le lieu de sa réintroduction (creux du Van, Jura neuchâtelois), son expansion a été rapide car ses proies naturelles, chamois et chevreuils, sont abondantes. Il ne dédaigne pas le gibier plus petit : lièvre, oiseaux et rongeurs. Son territoire de chasse est très étendu, si bien que les **individus** sont **peu nombreux** : un couple pour plusieurs milliers d’hectares. C’est un animal très discret et farouche mais qui ne craint pas la présence de l’homme. Il est exceptionnel de l’observer.

18-25 kg

80-130 cm

Trace de lynx

Renard

Vulpes vulpes

4-10 kg

120-140 cm

Très répandu, le renard est un prédateur opportuniste qui mange tout ce qui lui tombe sous la dent : campagnols, oiseaux, charognes, fruits, insectes, etc. Il lui arrive même de faire les poubelles lorsqu'il habite à proximité d'habitations. C'est au petit matin ou au crépuscule qu'il part en maraude mais on peut le surprendre la journée quand il élève ses petits ou quand il neige. Le renard loge dans des terriers qu'il creuse ou dans des cavités abandonnées. Il n'est pas rare de le voir habiter au milieu d'un "village" de blaireaux. Vous pourrez cependant reconnaître un terrier habité par un **goupil** : une odeur désagréable s'en dégage ! Souvent victime de la rage, l'espèce a été longtemps et inutilement **persécutée**. Aujourd'hui, les cas de rage sont rarissimes grâce aux campagnes de vaccination opérées depuis les années 80.

Renardeau et renarde

▶ Semblable à un petit chien, pelage roux, longue queue touffue

● Fréquente toutes sortes de milieux

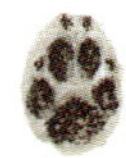

Sanglier

Sus scrofa

Adulte

60-150 kg

150-160 cm

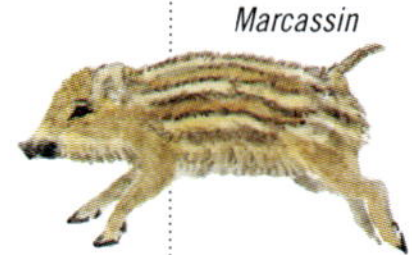

Marcassin

Les sangliers vivent dans une **compagnie** dirigée par une femelle dominante. Les vieux mâles, eux, préfèrent la solitude. Essentiellement végétarien, quoique omnivore, le sanglier laboure la terre de son **groin** à la recherche des glands, des racines, des champignons… qui constituent sa nourriture. Son menu varie selon les saisons. Affamé, il peut causer des dégâts aux cultures. La **laie** (femelle du sanglier) construit un nid pour mettre au monde ses marcassins : le **chaudron**. Rien à voir avec celui de Panoramix ! C'est un amas de feuilles et de branches qu'elle a entassé et creusé. Les **marcassins** y restent quelques jours. Plus tard, et jusqu'à l'âge de six mois, le jeune sanglier s'appelle "bête rousse", puis à un an "bête noire". Le sanglier ne fait pas de grands déplacements : lorsqu'ils s'émancipent, les jeunes s'installent généralement à moins de 10 kilomètres de leur compagnie. La population de sangliers est en pleine expansion ce qui entraîne de graves dégats dans les cultures.

Bête rousse

▶ Corps massif et tête imposante

● Forêts, taillis, bois, marais

Marcassin

Sanglier

Grands **mammifères**

Chamois

Rupicapra rupicapra

▶ Chèvre sauvage aux cornes recourbées, tête barrée de bandes blanchâtres

● Montagne : éboulis et alpages, forêt d'altitude

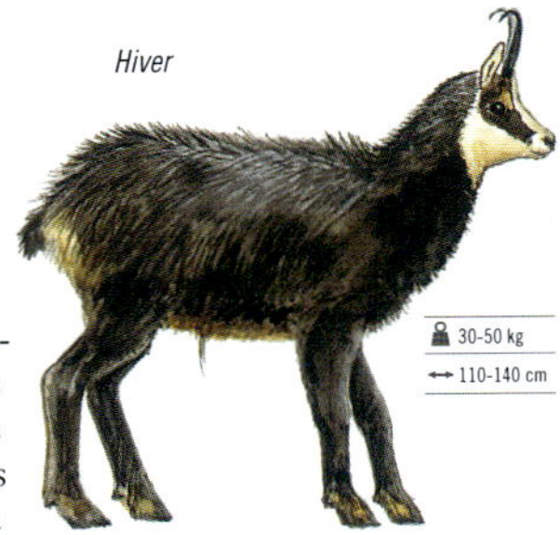

Hiver

30-50 kg
110-140 cm

Été

Les chamois ne manquent pas de susciter l'admiration tant ils font preuve d'audace et d'adresse lorsqu'ils se déplacent parmi les rochers et les éboulis vertigineux. Ils évoluent le plus souvent en groupes, les "**chevrées**", composés de femelles et de jeunes. Les mâles sont plus discrets et plus solitaires, sauf au moment de la reproduction (mi-octobre à début janvier), époque à laquelle ils se mêlent aux femelles pour former des troupeaux mixtes. En hiver, vous les observerez souvent sur les versants sud, où la neige fond plus rapidement, ou bien dans les **forêts** où ils trouvent de la nourriture : mousses, lichens, jeunes pousses… En **été**, ils grimpent en altitude. Les chevrées sont plus facilement visibles au petit matin et au crépuscule.

Chevreuil

Capreolus capreolus

▶ Petit cervidé à museau court marqué de noir ; en fuite grande tache claire sur le croupion (miroir)

● Alternance de forêts et de terrains dégagés

Pelage d'hiver

Le chevreuil, nettement plus petit que le cerf, a des gestes vifs, un corps fin et une allure élancée. Il est essentiellement solitaire même s'il lui arrive de former de petits groupes, surtout en hiver. Le **brocard** (chevreuil mâle) marque son territoire en frottant ses bois contre de jeunes arbres (frottis) ou en grattant la terre avec ses sabots (grattis). Il perd ses bois en automne. Ceux-ci repoussent à partir de l'hiver et sont opérationnels pour la saison de reproduction (lutte entre les mâles), en été. La **chevrette** élève seule ses deux petits faons, ou chevrillards. Lorsqu'il est inquiet, le chevreuil émet une sorte d'**aboiement** qui rappelle celui du chien. Le crépuscule et l'aube sont des moments privilégiés pour l'observer brouter en lisière de forêt : le reste de la journée, il vit dans les bois ou, de plus en plus fréquemment, au milieu des champs.

15-30 kg
95-135 cm

Brocard

Faon

Chevrette

Cerf

Cervus elaphus

Animal discret, le cerf est surtout présent dans les grandes forêts. La **harde**, composée de **biches** et de **faons** (jeunes de moins de trois ans), arpente les mêmes chemins, ou **coulées**, lors des sorties crépusculaires ou matinales. Les jeunes mâles, sociables eux aussi, forment de petits groupes. Les vieux mâles en revanche sont solitaires. Seuls les mâles sont munis de **bois**, qui servent surtout pour les affrontements durant le rut, et qui tombent à chaque fin d'hiver. Leur nourriture favorite est l'herbe des clairières, quoique les jeunes rameaux et, en hiver, l'écorce des arbres occupent une part importante de leur alimentation (au grand dam des forestiers). Trop chassé, le cerf avait disparu de la moitié sud de la France à la fin du XIXe siècle, mais il a été réintroduit avec succès dans les grands massifs.

▶ Grand cervidé

● Grandes forêts avec clairières et taillis

Cerf

Biche

La trace des gardes est parfois visible (comme sur l'empreinte de la biche ci-dessus).

De gauche à droite : biche, daguet, bichette et biche.

Le brame du cerf

Un cri rauque et mystérieux retentit puissamment dans la forêt : le cerf brame. C'est le rut. Du 15 septembre au 15 octobre environ, les mâles deviennent fous : ils ne mangent plus, ils brament à tout-va et n'hésitent pas à se battre entre eux. Le vainqueur de ces combats sera le mâle dominant et lui seul pourra obtenir les faveurs des femelles pour former son harem ! Promenez-vous du crépuscule à l'aube dans les clairières des grandes forêts pour entendre le cerf bramer. Évitez toutefois de trop vous approcher.

Fumées

Rongeurs

Crottes de rongeurs

12-38 kg
↔ 90-120 cm

Castor

Castor fiber

À la fois bûcheron, menuisier et charpentier, le castor coupe des arbres pour se nourrir de leur écorce, construire une hutte pour nicher et parfois même édifier une digue. La plupart du temps, son nid se situe dans un simple terrier. Indice de sa présence : le castor laisse derrière lui des morceaux d'arbres dont les extrémités sont taillées comme un crayon à papier. Il était jadis appelé "**bièvre**" ; des villages portent encore son nom. L'espèce a été en forte régression à la suite du piégeage, de la chasse et de la disparition de ses habitats. À partir des populations réintroduites dans les années 1960, le castor poursuit aujourd'hui une expansion naturelle.

Traces de rongeurs

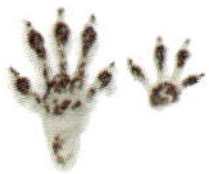

Leur taille varie selon l'espèce

▶ Queue large et plate, aspect massif, brun ou beige uniforme

● Fleuves, rivières et lacs

Rat musqué

Ondatra zibethica

0,8-1,5 kg
↔ 45-60 cm

Comme le ragondin, le rat musqué est redouté pour ses **terriers**, qui fragilisent les berges, et, comme lui, il a été importé du continent américain (Amérique du Nord). Il a commencé à coloniser la France à partir des années 30, et devrait couvrir bientôt l'ensemble du territoire. En plus des terriers, le rat musqué sait construire, comme le castor, d'étonnantes **huttes** dépassant parfois un mètre de haut. Regardez attentivement l'**étang** devant lequel vous vous trouvez : des morceaux de plantes aquatiques flottent-ils à la surface, des roseaux sont-ils coupés sur les berges, des coulées (pistes) qui descendent vers l'eau sont-elles visibles ? Si oui, le rat musqué est passé par là…

▶ Beaucoup plus petit que le ragondin

● Étangs, canaux, rivières et ruisseaux calmes, marais…

Hutte du rat musqué

Ragondin

Myocastor coypus

6-9 kg
↔ 65-105 cm

Originaire d'Amérique du Sud, le ragondin a été **importé** en France pour sa fourrure. Après s'être échappé des élevages, il ne s'est pas gêné pour coloniser la plupart de nos régions. **Aucun prédateur** indigène n'ayant pu l'arrêter, il a proliféré. Le myocastor (son autre nom) crée des dégâts dans de nombreuses berges à force d'y creuser des **terriers**, jusqu'à entraîner leur effondrement.

▶ Rongeur de grande taille

● Étangs, rivières, lagunes, marais, etc.

Rats

Rattus sp.

280-550 g
35-50 cm

Surmulot

280-550 g
20-28 cm

Rat noir

Rat gris ou rat d'égout sont autant de noms qui désignent le **surmulot**. Originaire d'Asie, il s'est répandu en Europe à partir du XVIe siècle, et prospère désormais partout où vit l'homme, qui a souvent à se plaindre de ses dégâts. Les chats n'ont pas toujours le dernier mot ! Plus petit que son cousin le surmulot, le **rat noir** est également originaire d'Asie. Son pelage contient une substance grasse qui imprègne tout ce que le rat noir touche. Il vit plutôt dans les combles, alors que le surmulot préfère la cave.

- ▶ Gros, dos gris (surmulot), noir (rat noir)
- ● Bâtiments, égout, etc. (surmulot), habitations (rat noir)

Campagnols

Microtus sp., Arvicola sp., Clethrionomys sp.

Campagnol amphibie

15-35 g
12-19 cm

Campagnol roussâtre

Il existe de nombreuses espèces de campagnols : roussâtre, amphibie, des neiges… Tous creusent des galeries et sont très friands de graines, de racines et de céréales cultivées par l'homme. Les campagnols ont le pouvoir de se reproduire massivement lorsque la nourriture est abondante. Ces **pullulations** attirent tout un cortège de prédateurs : renards, belettes, buses, chouettes…

Campagnol des neiges

- ▶ Petits yeux, museau rond, oreilles courtes ; gris, ocre ou brun
- ● Forêts (roussâtre), cultures (des champs), cours d'eau (amphibie)

Souris et mulots

Mus sp., Apodemus sp.

Mulot

15-35 g
14-23 cm

Souris grise

Ils se ressemblent énormément. Les **souris** préfèrent la vie aux côtés des hommes tandis que les **mulots** sont davantage forestiers. Ces petits rongeurs se distinguent par leur incroyable capacité de **reproduction**. Imaginez qu'une souris grise peut se reproduire jusqu'à 10 fois dans une année. Sachant que chaque portée compte jusqu'à 8 petits qui, eux aussi, pourront se reproduire au bout de six semaines, faites le calcul… et cachez vos provisions !

- ▶ Grandes oreilles et longue queue
- ● Habitations (souris), forêts, campagne, haies (mulot)

Loir et Lérot

28-35 cm

Loir

20-30 cm

Lérot

Son masque de cambrioleur lui donne une allure sympathique mais la vie **nocturne** du lérot vous donnera rarement l'occasion de l'admirer. Le **loir** gris, lui aussi nocturne, est un fameux grimpeur. Autrefois, les Romains l'élevaient et l'engraissaient pour le manger… Si les fourmis laissent derrière elles des molécules chimiques qui permettent à leurs consœurs de les suivre partout, le **lérot** se distingue par une tout autre méthode : il s'enduit les pattes de quelques gouttes d'urine qui serviront de traces odorantes. Le lérot et le loir **hibernent** en général d'octobre à avril-mai.

Loir gris

Glis glis

- ▶ Gris, oreilles courtes, grands yeux noirs, queue touffue
- ● Forêts, vergers, cabanes, maisons…

Lérot

Eliomys quercinus

- ▶ "Masque de bandit", pinceau à l'extrémité de la queue
- ● Forêt, villages, vergers, jardins…

Lièvre brun

Lepus europæus

3-6 kg
50-85 cm

▶ Longues oreilles aux extrémités noires, grandes pattes arrière

● Champs, prairies, forêts

Crotte de lièvre

Le lièvre, plus grand que le lapin de garenne, ne creuse **aucun terrier**. Il gratte légèrement le sol et s'y tapit toute la journée. Son pelage couleur de terre lui offre un excellent camouflage : vous pourriez passer à quelques mètres de lui dans un champ sans même le voir et surtout sans qu'il bouge le moindre poil ! Habituellement **solitaires**, les lièvres se rassemblent au printemps pour le rut. Les mâles se transforment alors souvent en boxeur pour attirer l'attention des femelles…

Lapin de garenne

Oryctolagus cuniculus

▶ Oreilles brun et rose ; en fuite queue blanche très voyante

● Lisières, landes et friches

1,5-2,5 kg
40-50 cm

Sociable, le lapin vit en petit groupe dans des galeries qu'il creuse lui-même. L'ensemble de ses terriers forme une **garenne**. À proximité, vous trouverez sans difficulté le **pétouiller**. Ce nom évocateur désigne le crottoir collectif des lapins. Le lapin broute habituellement de l'herbe. Mais, lorsque l'hiver est rude et que la végétation se fait rare, il n'hésite pas à manger l'écorce des jeunes arbres, provoquant des dégâts dans les plantations et l'irritation des jardiniers. Il peut se reproduire 4 à 6 fois par an, avec 3 à 8 petits par portée, d'où sa réputation d'animal "chaud" et sa relative abondance. Vous pourrez l'observer en journée bien qu'il soit plus actif la nuit. Ses populations peuvent être décimées localement par une maladie introduite : la **myxomatose**.

Écureuil

Sciurus vulgaris

Pelage hivernal grisâtre

▶ Longue queue touffue, pinceaux de poils sur les oreilles, bon grimpeur

● Forêts, bois, parcs

Chaque automne, l'écureuil fait des **provisions** qu'il enterre ici et là. Mais il sera bien incapable de toutes les retrouver : il contribue ainsi à la dissémination des espèces. Presque exclusivement arboricole, l'écureuil fabrique des **nids** en forme de boule au creux des branches d'arbre, à partir de rameaux, de mousse et de feuilles mortes. Sa nourriture est essentiellement composée de fruits secs : cônes de pin, glands, noisettes, etc. En hiver, son joli pelage roux se remarque facilement au milieu des arbres privés de feuilles.

250-400 g
35-45 cm

Insectivores

Hérisson

Erinaceus europæus

0,5-1,2 kg
22-28 cm

Alors que le mammouth et le tigre à dents de sabre ont disparu depuis longtemps de la surface du globe, le hérisson, qui existait largement avant eux, a su **traverser** les millions d'années qui nous séparent de ces temps reculés. Son dos hérissé de près de **5 000 piquants** lui a facilité la tâche. Mais, aujourd'hui, le hérisson est confronté à un danger bien moderne : les roues des voitures… La disparition des haies et l'utilisation massive des insecticides ne lui sont pas favorables non plus. Nocturne, il déambule la nuit à la recherche de vers de terre et de divers insectes. La proximité des habitations ne lui fait pas peur et il aime chasser dans les pelouses rases des jardins. Il hiberne de novembre à mars.

▶ Dos hérissé de piquants

● Bois, bocages, parcs, forêts, prairies…

Taupe

Talpa europæa

100 g
14-20 cm

Taupinière

Véritable mineur de fond, la taupe est spécialement équipée pour vivre sous terre : ses pattes avant ressemblent à de petites **pelles** qui lui permettent de creuser tout un réseau de galeries. Malgré sa mauvaise vue ("myope comme une taupe" n'est pas une légende !), la taupe repère facilement sa principale nourriture : les **vers de terre**. Son ouïe fine et les tunnels souterrains qui font écho du moindre bruissement de lombric lui permettent de localiser avec précision ses proies.

▶ Pattes avant très développées, petits yeux

● Présente un peu partout dans les sols meubles

Musaraignes

Crocidura sp., Sorex sp., Neomys sp.

Musaraigne carrelet

6-14 g
9-14 cm

Il existe **plusieurs espèces** de musaraignes. Derrière leurs allures de souris se cachent de véritables prédateurs. Insectes, araignées, mollusques et autres mille-pattes font les frais de leur appétit. La plupart des musaraignes creusent des galeries et font des nids sous les arbres. En famille, les musaraignes forment une **caravane** pour se déplacer : chaque petit s'accroche à la queue de son prédécesseur, et le premier à la queue de la mère. Du fait de sa petite taille, la musaraigne est souvent la proie des carnivores de passage mais, son odeur **musquée** se révélant écœurante, elle est aussitôt recrachée. Il n'est pas rare ainsi de tomber sur un cadavre de musaraigne.

▶ Museau allongé et pointu, petites oreilles

● Habitat varié, à couvert végétal dense (herbes ou feuilles)

Ne pas confondre

Musaraigne

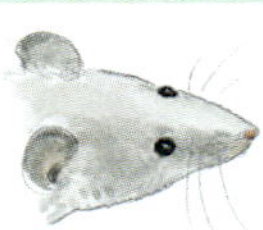

Souris

Campagnol

Oiseaux d'**eau**

Échassiers

Les **hérons** (protégés depuis 1976) se nourrissent de poissons qu'il pêchent à l'affût. Le **héron cendré** est commun en France. À la vitesse de l'éclair, son cou se détend et le bec, en forme de poignard, transperce la victime. L'**aigrette garzette** procède de même, avec quelques cabrioles d'approche en plus. Le **héron pourpré**, plus petit que son cousin cendré, est moins fréquent : on le rencontre dans le Bas-Jura. Héron très discret, le **bihoreau gris** se déplace surtout la nuit. La **cigogne blanche**, dont il restait moins de 20 couples en France au milieu des années 1970, s'est installée depuis en Franche-Comté.

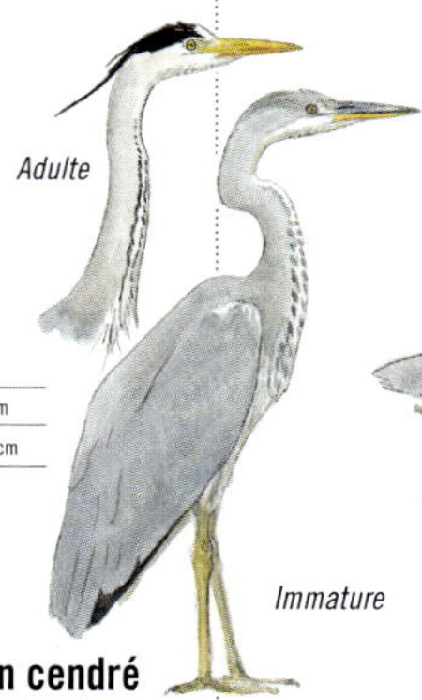

↔ 95 cm
↕ 165 cm

Héron cendré
Ardea cinerea

↔ 110 cm
↕ 140 cm

Héron pourpré
Ardea purpurea

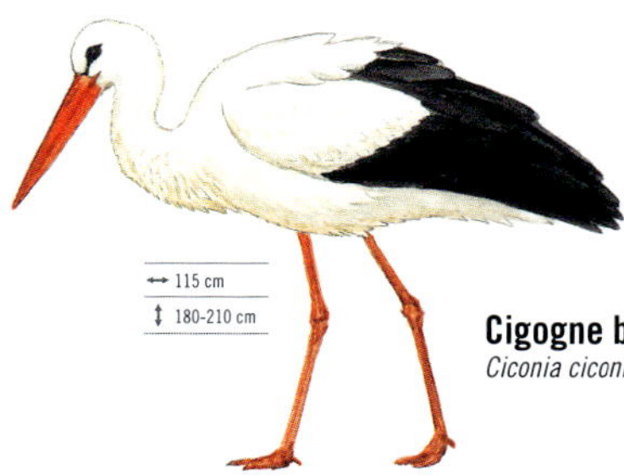

↔ 115 cm
↕ 180-210 cm

Cigogne blanche
Ciconia ciconia

↔ 65 cm
↕ 110 cm

Héron bihoreau gris
Nycticorax nyctocorax

↔ 60 cm

Aigrette garzette
Egretta garzetta

Grèbes

Hiver

Été

Jeune

Représentés le plus souvent sur les étangs par le **grèbe huppé** et le **grèbe castagneux**, les grèbes forcent l'admiration par leur élégance et leur formidable adaptation au milieu aquatique. Comme un sous-marin, ils disposent de poches dans le plumage qu'ils utilisent comme ballast. Leurs pattes, situées à l'arrière du corps, jouent le rôle d'hélice à propulsion : le grèbe peut ainsi atteindre sous l'eau la vitesse de 2 mètres par seconde !

Castagneux d'hiver

Castagneux d'été

Parade nuptiale

Toilette

Rallidés

La famille des rallidés comprend des espèces communes comme la foulque et la poule d'eau, d'autres plus rares comme le râle d'eau ou les marouettes, ou encore en voie de disparition comme le **râle des genêts**.
La **foulque** et la **poule d'eau** sont habituées aux étangs des **parcs publics**. Observez-les, vous trouverez des détails amusants sur ces oiseaux étrangement adaptés à la vie aquatique ! Plongeons poussifs, pattes énormes… En scrutant la végétation avec vos jumelles, vous observerez peut-être les poussins de la **poule d'eau** au crâne d'un **rouge** intense. Cette couleur vive incite les parents à les alimenter et disparaîtra à mesure que les jeunes trouveront eux-mêmes leur nourriture.
Invisible parmi la végétation aquatique, le **râle d'eau** trahit sa présence par un surprenant éclat de voix, comme si l'on égorgeait un pauvre **porcelet** ! Dans la journée, il se faufile dans l'enchevêtrement de roseaux pour picorer çà et là sa nourriture : insectes, têtards, grenouilles, graines... Il lui arrive même de piller le nid d'autres oiseaux. C'est surtout au crépuscule ou au petit matin que vous pourrez l'observer. À ces heures, s'il est rassuré, le râle s'aventure à découvert pour prendre ses repas.

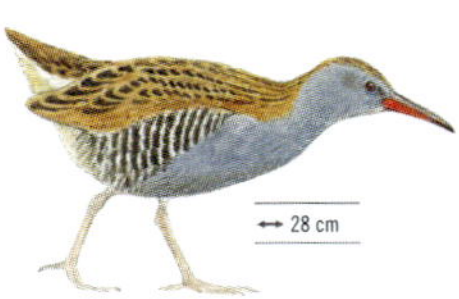

Râle d'eau

Immature

Foulque

Poussin

Immature

Poule d'eau

Poussin

Grèbe huppé

Podiceps cristatus

▶ Huppe et collerette bien apparentes seulement en été

● Lacs, étangs, rivières calmes…

Grèbe castagneux

Tachybptuas ruficollis

▶ Petite taille, plumage peu coloré

● Étangs, rivières

Foulque macroule

Fulica atra

▶ Bec et plaque frontale blancs, corps noir

● Lacs, étangs, rivières, bassins…

Poule d'eau

Gallinula chloropus

▶ Bec rouge à pointe jaune, queue bordée de blanc

● Mares, étangs, rivières avec végétation sur les berges

Râle d'eau

Rallus aquaticus

▶ Long bec rouge, flancs barrés de noir, dessus brun moucheté de noir, côté gris-bleu

● Zones humides, roselières, bordures de rivières à végétation dense

Canards et anatidés

Certaines espèces nichent chez nous. Mais c'est lorsqu'une vague de froid hivernal sévit dans le **nord** de l'Europe que de nombreux oiseaux d'eau descendent dans nos régions, là où les plans d'eau ne sont pas encore gelés. C'est le **froid de canard**… Le moment est idéal pour l'observation des anatidés (la famille des canards) sur les étangs. Souchets, sarcelles, milouins, morillons… forment des groupes souvent composés d'espèces différentes. Canards plongeurs et canards de surface se côtoient au milieu des foulques et des grèbes. À vos jumelles !

Mâle

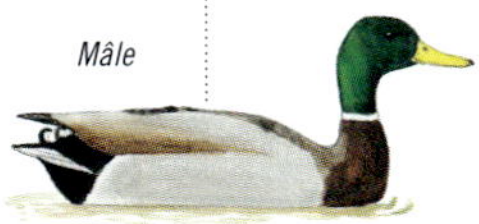

Femelle

Canard colvert
Anas platyrhynchos

Canard chipeau
Anas strepera

Canard siffleur
Anas penelope

Sarcelle d'été
Anas querquedula

Nette rousse *Netta rufina*

Canard souchet *Anas clypeata*

Fuligule morillon *Aythya fuligula*

Femelle — *Mâle*

Harle bièvre
Mergus merganser

Fuligule milouin *Aythya ferina*

Goéland leucophée

Larus cachinnans

Immature

Immatures

Hardi et habile voilier, le goéland est un profiteur. Qu'il saisisse un **mollusque** et le laisse tomber d'une hauteur pour casser sa coquille, qu'il capture un pigeon en pleine ville, qu'il profite des **dépotoirs** à ciel ouvert ou qu'il récupère une vieille charogne échouée au bord de l'eau, le goéland saura toujours vous étonner par sa faculté d'adaptation : à la fois pirate, pillard, éboueur et prédateur. Il est très répandu le long des fleuves.

↔ 60 cm

▶ Taille d'une buse, beige et tacheté (jeune), gris et blanc (adulte)

● Fleuves, grands lacs, proximité des agglomérations

Limicoles

D'une taille petite à moyenne, les limicoles sont équipés pour vivre et se nourrir sur les sols gorgés d'eau. La longueur de leurs pattes leur permet de progresser dans la **vase** et dans l'**eau peu profonde** sans difficulté. La plupart fouillent le sol de leur bec pour se nourrir d'invertébrés, de coquillages et de vers. Le **petit gravelot** et le **chevalier guignette** nichent sur les bancs de graviers des rivières. Le **vanneau huppé** et le **courlis cendré** préfèrent les prairies humides.

Chevalier guignette

Courlis cendré

Bécassine des marais

Bécasse

Vanneau huppé

Petit gravelot

Sterne pierregarin

Sterna hirundo

Les sternes sont des oiseaux migrateurs au long cours qui parcourent plusieurs milliers de kilomètres durant leurs voyages. Destination : l'Afrique occidentale. Un corps effilé et de longues ailes leur permettent mille acrobaties aériennes. En un éclair, les sternes plongent et disparaissent sous l'eau ! C'est ainsi qu'elles pêchent leur nourriture favorite, les petits poissons. Leur longue queue échancrée à la façon des hirondelles leur a valu un autre nom : **hirondelle de mer**.

Mode de pêche typique

Chevalier guignette

Actitis hypoleucos

▶ Bec fin, plumage terne, balance le corps
● Rivières, étangs…
▲ Migrateur
✚ Avril-octobre

Courlis cendré

Numenius arquata

▶ Très long bec arqué, plumage brun noir, tacheté de beige
● Prairies marécageuses, landes…
▲ Migrateur
✚ Avril-septembre

Bécassine des marais

Gallinago gallinago

▶ Long bec, bandes jaunes sur le dos
● Marais, prairies humides…
▲ Migrateur partiel

Bécasse

Scolopax rusticola

▶ Plumage roux strié de sombre
● Forêts aux sols humides

Vanneau huppé

Vanellus vanellus

▶ Oiseau noir et blanc, longue huppe
● Champs, prairies humides, marais, landes…

Petit gravelot

Charadrius dubius

▶ Tête masquée de noir, collier blanc et noir
● Berges et îlots
▲ Migrateur
✚ Avril-septembre

▶ Petite mouette au vol souple et élastique, toujours au-dessus de l'eau
● Littoral, bancs sableux, fleuves, étangs
▲ Migrateur
✚ Mars-octobre

Rapaces **diurnes**

Aigle royal

Aquila chrysaetos

▶ Grand aigle brun foncé, ailes fortement digitées, queue arrondie

● Montagne au-dessus de 1 800 m et régions accidentées

L'aigle royal a longtemps été **persécuté** par les hommes avant d'être protégé. Ses populations sont aujourd'hui en légère augmentation. Grand prédateur, l'aigle se nourrit parfois de charognes mais le plus souvent d'animaux qu'il capture : marmotte, lièvre, oiseaux, voire jeune chamois ! Il **chasse** en rasant les versants des montagnes pour mieux surprendre ses proies. La parade nuptiale, à la fin de l'automne, est spectaculaire : le mâle feint d'attaquer la femelle puis tout deux se laissent tomber en vrille. L'aigle royal fréquente la **haute chaîne du Jura**.

↔ 75-88 cm

↕ 205-225 cm

Milans

Milan noir

Milvus migrans

▶ Plumage sombre, queue en triangle

● Vallées, souvent à proximité de l'eau

▲ Migrateur

✚ Mars-septembre

Milan royal

Milvus milvus

▶ Longue queue fourchue, taches blanches sous les ailes

● Régions vallonnées

▲ Migrateur partiel

Il est rare de voir des milans perchés mais vous les observerez souvent en vol, planant très lentement das le ciel. Ils sont **nombreux dans le Jura** et souvent en couples. Le **milan noir** se nourrit de grenouilles et de **poissons** morts qui flottent au fil de l'eau. Il n'hésite pas à se rapprocher des villes pour profiter de restaurants en plein air : les **dépotoirs** ! Le milan se transforme parfois en pirate de l'air pour ravir une proie à d'autres oiseaux (petits rapaces, hérons…). Ne le confondez pas avec son cousin, le **milan royal**, qui a le dessous des ailes claires et dont la queue forme un V plus marqué. Ce dernier s'alimente essentiellement de charognes de petits animaux trouvés au bord des routes et dans les prairies.

Noir

↔ 47-55 cm

↕ 140-175 cm

Royal

↔ 47-55 cm

↕ 140-175 cm

Circaète Jean-le-Blanc

Circaetus gallicus

Le circaète doit son nom à la pâleur de son plumage. Il s'est spécialisé dans la chasse aux **reptiles** : vipères, couleuvres, orvets et lézards de toutes sortes figurent à son menu. Il se laisse planer à la manière d'un cerf-volant jusqu'à ce qu'il repère sa proie. Le pauvre serpent ou lézard sera avalé tête la première. En hiver, l'absence de sa principale source d'alimentation pousse le circaète à **migrer** en Afrique tropicale. Sa population est en régression du fait des prairies sèches qui s'embroussaillent.

↔ 62-67 cm

↕ 180-195 cm

▶ Clair, longues ailes, le plus souvent tête sombre (variable), articulations des ailes toujours claires (les "poignets")

● Terrains rocailleux, secs et ensoleillés

▲ Migrateur

✚ Mars-octobre

Autour des palombes

Accipiter gentilis

↔ 48-60 cm

↕ 100-120 cm

Sa **longue queue**, qui agit comme un précieux gouvernail, et ses ailes courtes permettent à l'autour des palombes de "slalomer" habilement entre les arbres de la forêt. C'est un **chasseur d'oiseaux** : geais, corneilles, pigeons, merles et grives sont inscrits à son menu. Il se permet parfois quelques exceptions en capturant des lapins de garenne. Son régime alimentaire lui a valu d'être longtemps persécuté par les chasseurs. Le mâle est un tier plus petit que la femelle. Ne confondez pas l'autour des palombes avec l'épervier, qui a un vol nettement plus nerveux.

▶ Ressemble à l'épervier (femelle beaucoup plus grande), queue assez longue, poitrine et ventre nettement striés

● Grandes forêts, lisières et haies

Épervier d'Europe

Accipiter nisus

↔ 30-38 cm

↕ 60-80 cm

De son vol rapide et imprévisible, l'épervier rase les haies à la recherche de ses proies favorites : les **oiseaux**. Il se comporte parfois en véritable **kamikaze** lorsqu'il plonge à une allure folle dans des buissons épineux pour saisir un passereau. Sans doute emporté par son élan, il arrive qu'il s'éventre sur une branche ! Les femelles de l'épervier sont beaucoup plus grosses que les mâles. Les couples nichent dans de grands arbres et construisent parfois leur **aire** (nid de rapace) sur les fondations d'un vieux nid de geai.

▶ Longue queue barrée de noir, ailes courtes, poitrine et ventre striés, vol nerveux

● Bocages, campagne cultivée, forêts…

Chasse sur un pinson

Buse variable

↔ 55 cm
↕ 120 cm

Buteo buteo

▶ Plumage très variable, queue arrondie en vol plané, ailes larges

● Campagne cultivée, lisières de forêts, bois…

Plumage clair, sombre, intermédiaire… la buse variable porte bien son nom. **Commune**, vous l'observerez souvent perchée sur les poteaux ou les piquets. Elle chasse à l'affût essentiellement les campagnols mais elle ne dédaigne pas les insectes, les serpents et les charognes. Ses larges ailes lui permettent de planer en dessinant de vastes cercles dans le ciel. La buse variable niche au sommet des grands arbres.

Claire

Bondrée apivore

↔ 55 cm
↕ 130 cm

Pernis apivorus

▶ Plumage variable

● Forêts, bosquets

▲ Migrateur

✚ Mai-octobre

La bondrée apivore doit son nom à sa spécialité : déterrer les **nids d'insectes**, de guêpes, de bourdons et d'abeilles. Postée sur un arbre, elle surveille avec intérêt les allées et venues des insectes qui finiront par lui indiquer l'emplacement de leur nid. La bondrée se nourrit surtout de **larves** d'hyménoptères (abeilles, guêpes…) car elle se méfie des adultes et de leur dard venimeux… Vous l'observerez surtout en vol : elle ressemble beaucoup à la buse. Les barres sombres de la queue et sa petite tête vous permettront de l'identifier.

Busards

↔ 50 cm
↕ 40 cm

Circus sp.

▶ Vol louvoyant près du sol ; mâle gris et pointe des ailes noire ; femelle ocre striée de noir ou brun uniforme (busard des roseaux)

● Champs, landes, marais…

▲ Migrateurs partiels

Busard Saint-Martin mâle

Rapaces menacés, les **busards Saint-Martin**, les **busards cendrés** et les **busards des roseaux** nichent au sol. Les champs de blé, d'orge ou d'avoine ont remplacé les milieux qu'ils fréquentaient autrefois : marais, landes, grandes prairies… La femelle couve pendant que le mâle chasse. Vous aurez peut-être la chance d'assister à cette scène typique : le mâle, un rongeur dans les serres, s'approche du nid pour ravitailler la femelle. Celle-ci s'élève dans les airs et rattrape en plein vol la proie lâchée par son compagnon. Malheureusement, les nichées sont fréquemment victimes du passage précoce des moissonneuses-batteuses.

Busard Saint-Martin ou cendré femelle

Busard cendré mâle

Busard des roseaux mâle

Busard des roseaux femelle ou immature

Faucon pèlerin

Falco peregrinus

↔ 42 cm
↕ 90 cm

Les faucons sont des petits rapaces fascinants. Le **faucon pélerin** est «Recordbird» de **vitesse** en piqué : il fond sur sa proie à la vitesse vertigineuse de 270 km/h ! Perché du haut de sa falaise, il surveille corneilles, pigeons, grives, limicoles… Qu'un oiseau semble malade et voici que le faucon pèlerin prend de l'altitude pour mieux piquer sur sa proie. Rare et menacé, il a bien failli disparaître, notamment à cause de **pesticides** comme le DDT (aujourd'hui interdit), qui provoquaient sa stérilité ! Dans le Jura, le faucon pèlerin niche notamment sur les **falaises** de la reculée de **Baume-les-Messieurs** ainsi que dans le secteur de Saint-Claude et des Rousses.

Pèlerin

- ▶ Dessous clair barré de sombre, ailes pointues, queue courte
- ● Falaises
- ▲ Migrateur partiel

Faucon hobereau

Falco subbuteo

Hobereau en chasse

↔ 33 cm
↕ 90 cm

Célèbre pour ses **chasses spectaculaires**, le faucon hobereau est particulièrement visible à la fin de l'été, aux alentours des étangs. Il s'y rend au crépuscule et sème la panique dans les dortoirs d'hirondelles. De folles courses-poursuites s'engagent. Après de nombreuses tentatives infructueuses, il parviendra à saisir en vol un des oiseaux affolés. Il ajoute aussi souvent à son menu des libellules, de gros insectes et même des chauves-souris !

- ▶ Longues ailes pointues, gris dessus, tache rousse à la base des pattes
- ● Forêts, bosquets, marais
- ▲ Migrateur
- ✚ Avril-octobre

Faucon crécerelle

Falco tinnunculus

Vol sur place

Son vol sur place, dit **"vol en Saint-Esprit"**, est très caractéristique. Le faucon crécerelle est bien répandu dans nos régions. Il n'hésite pas à nicher au cœur même des grandes villes, sur des bâtiments prestigieux (Notre-Dame, l'Arc de triomphe…). Plus habituellement, il niche dans les anciens nids de corvidés. Le crécerelle chasse les campagnols, les moineaux et les insectes. Lorsqu'en été les fourmis ailées prennent leur envol par milliers, il est au rendez-vous. Observez-le, les acrobaties auxquelles il se livre pour capturer ces insectes ne vous décevront pas !

Femelle ou jeune

- ▶ En vol, allure de pigeon élancé
- ● Campagne cultivée, villes, milieux ouverts…

↔ 34 cm
↕ 75 cm

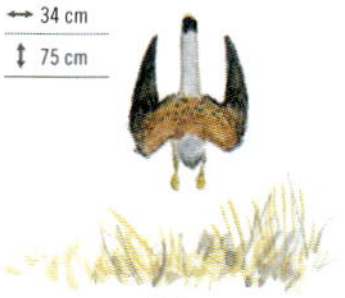
Mâle

Rapaces **nocturnes**

Chouettes

Poussin de chouette hulotte sorti du nid

Chouette hulotte
Strix aluco
▶ Silhouette massive, yeux noirs
● Forêts, parcs

Chouette chevêche
Athene noctua
▶ Petite taille, yeux jaunes
● Vergers, villages

Chouette effraie
Tyto alba
▶ Ventre et face blancs ou orangés
● Villes, clochers, vieux bâtiments, carrières…

Symbole d'Athéna, la **chouette** est l'une des rares chouettes que vous pourrez observer en plein jour. Elle se nourrit d'insectes et de vers en plus des rongeurs, qui constituent l'ordinaire des rapaces. La **chouette hulotte** a un régime alimentaire un peu plus varié que celui de ses cousines : elle y ajoute notamment de nombreux passereaux. C'est elle que l'on entend le plus souvent hululer dans les bois. La **chouette effraie**, ou dame blanche, a longtemps fait travailler l'imagination des hommes. Ses soufflements rauques, dans les greniers et les clochers où elle niche, sont à l'origine de nombreuses histoires de revenants… Enfin, la **chouette de Tengmalm** est rare mais présente dans le Jura.

Chouette de Tengmalm

Chouette hulotte

Chouette chevêche

Chouette effraie

Hiboux

Hibou grand-duc
Bubo bubo
▶ Hibou de très grande taille, longues aigrettes
● Falaises, milieux rocheux et escarpés…

Hibou moyen-duc
Asio otus
▶ Silhouette élancée, aigrettes, yeux orange
● Haies, petits bois, lisières

Hibou petit-duc
Otus scops
▶ Petite taille, plumage couleur écorce
● Parcs, villages, vieux arbres…
▲ Migrateur
✚ Présent d'avril à août

Le **hibou grand-duc** est le plus grand des rapaces nocturnes d'Europe. Le **hibou moyen-duc**, plus petit, se tient pendant la journée sur une branche ou se plaque contre le tronc pour se camoufler en cas d'alerte. Il trahit ainsi sa présence : un amas de pelotes de réjection s'accumule au pied de l'arbre ! Parmi les rapaces nocturnes, le **hibou petit-duc scops** est le seul véritable migrateur. À peine plus gros que votre poing, il se nourrit surtout d'insectes. C'est un rapace nocturne dont le chant répété inlassablement est noté "tiou-k".

Hibou petit-duc

Hibou grand-duc

Hibou moyen-duc

Grand tétras

Tetrao urogallus

Femelle en vol

On le nomme aussi **grand coq de bruyère**. **Très rare**, le grand tétras est extrêmement sensible aux dérangement et aux modifications de son milieu. Ses populations sont en nette régression depuis plus d'un siècle. Au printemps, les mâles se rassemblent pour parader sur des places de chants. Ils étalent leur queue en éventail et émettent des bruits bizarres : comme si l'on ouvrait des bouteilles de vin... Les grands tétras se nourrissent essentiellement d'**aiguilles de sapins** ou de pins et de **bourgeons de hêtres**. Au petit matin, il leur arrive souvent de picorer les graviers des chemins forestiers pour faciliter leur digestion. Dans le Jura, la **forêt du Risoux** est le domaine d'hivernage exclusif du grand tétras.

▶ Mâle : plumage sombre, poitrine à reflets métalliques, cou long et épais, longue queue ; femelle : plumage brun ocre moucheté, croissant roux sur la poitrine, queue brun roux

● Forêts de montagne composées principalement de pins et de sapins (entre 800 et 1 600 m dans le Jura)

Perdrix

Perdrix grise

Perdrix rouge

En scrutant attentivement les labours, vous pourrez peut-être déceler une **compagnie** de perdrix (une dizaine d'individus). Ces oiseaux passent inaperçus en raison de leur plumage terne. En cas de danger, les **perdrix grises** attendent le dernier moment pour fuir car elles ne sont pas à l'aise en vol. Elles prennent de l'élan puis planent, les ailes en arc de cercle, avant de se poser un peu plus loin. L'espèce est en régression : les petits se nourrissent de chenilles que les insecticides et l'arrachage des haies font disparaître. Sa cousine, la **perdrix rouge**, préfère s'enfuir en courant dans les champs plutôt que de prendre son envol.

Perdrix grise

Perdix perdix

▶ Face, joues et queue brun-roux, couleur générale gris et brun, pattes grises

● Champs, prairies, terrains dégagés...

Perdrix rouge

Alectoris rufa

▶ "Coiffe de chef indien" en position inverse sur le col (noir), bec et pattes rouges, joues et "menton" blancs

● Bocages, champs, vignes, landes...

Faisan de Colchide

Phasianus colchicus

Femelle

Originaire d'Asie, le **faisan de Colchide** a été introduit par l'homme en Europe. Les faisans **sauvages** sont rares. Ceux que vous voyez dans la nature sont des animaux élevés en captivité puis relâchés l'avant-veille des jours de **chasse**... Jusqu'à plusieurs millions d'individus se retrouvent ainsi livrés à eux-mêmes. Incapables de voler correctement, ils terminent leur courte vie dans les gibecières des chasseurs à moins qu'un renard ne soit passé avant !

▶ Longue queue, bande blanche autour du cou, joues rouges (mâle), teintes neutres (femelle)

● Haies, forêts claires, marais, taillis...

Engoulevent d'Europe

Caprimulgus europaeus

Espèce rare et localisée, l'engoulevent est difficile à surprendre. Son **plumage** reproduit fort habilement l'écorce des arbres sur laquelle il se pose habituellement. Il passe la journée en se fondant dans la végétation, perché dans le sens de la branche morte qui le supporte ou tapi au sol. La **nuit**, l'engoulevent **se nourrit** d'insectes volants qu'il pourchasse. Son chant, surprenant, évoque le bruit d'un petit moteur.

- ▶ Bec court, ailes et queue longues, tête aplatie, plumage mimétique
- ● Forêts sèches et clairsemées, espaces dégagés, bord de mer
- ▲ Migrateur
- ✚ Mai-septembre

Coucou gris

Cuculus canorus

Le coucou doit son nom à son **chant** bien connu. En vol, sa silhouette rappelle celle d'un petit faucon. Ne cherchez pas son nid, il n'en fait pas : c'est un oiseau "**parasite**". À l'affût sous les feuillages, la femelle repère le nid des petits passereaux (fauvettes, rousserolles, troglodytes…). Au moment propice, elle pond un œuf parmi ceux du légitime propriétaire. Le jeune coucou sort de sa coquille avant les autres et se met à l'ouvrage : il jette les œufs en dehors du nid ! Malgré sa taille disproportionnée, l'imposteur se fera nourrir par ses parents d'adoption ! Dernière étrangeté : le jeune coucou trouve seul le chemin de l'Afrique lors de sa migration.

- ▶ Longue queue, ailes pointues, gris (femelle parfois rousse)
- ● Forêts, bocages, marais…
- ▲ Migrateur
- ✚ Mars-septembre

Pigeons

Le **pigeon biset** sauvage est devenu rare : domestiqué très tôt, il fut utilisé comme pigeon voyageur. Le **pigeon ramier** fréquente aussi les villes mais il ne niche pas dans des bâtiments. Il est également appelé **palombe**. Le **pigeon colombin** ne vit qu'en dehors des agglomérations. Les pigeons s'accommodent de peu pour faire un nid. Le plus souvent, il s'agit d'une simple plate-forme de brindilles sur laquelle ils déposent leurs œufs.

Pigeon ramier

Columba palumbus

- ▶ Tache blanche sur le cou et bande blanche sur l'aile
- ● Bois, parcs, haies, villes et villages, cultures

Pigeon biset

Columba livia

- ▶ Plumage gris, 2 bandes noires sur l'aile, croupion blanc (motifs et couleurs variables chez les pigeons domestiques)
- ● Milieux escarpés, villes, villages, bâtiments…

Pigeon colombin

Columba œnas

- ▶ Pigeon gris uniforme, extrémité de la queue noire, petite tête (qui rappelle celle d'une tourterelle)
- ● Forêts, bois, parcs boisés, bocages… parfois bâtiments

Tourterelles

La **tourterelle turque** a colonisé l'Europe de l'Ouest depuis une cinquantaine d'années. Son **expansion** est une énigme de la nature. Elle s'est parfaitement adaptée et vit aujourd'hui au voisinage des habitations : vous n'aurez donc pas de mal à l'observer. La **tourterelle des bois** passe beaucoup plus inaperçue. Elle ne revient d'Afrique qu'à partir de mai. C'est en grands groupes qu'elle effectue ses vols migratoires. Ses effectifs ont été réduits par la chasse.

Tourterelle des bois

Tourterelle turque

Tourterelle des bois

Streptopelia turtur

▶ "Petit pigeon" plus "gracieux", dos et ailes roux, queue bordée de blanc

● Bois, forêts, taillis, haies…

▲ Migrateur

✚ Mai-septembre

Tourterelle turque

Streptopelia decaocto

▶ Couleur générale beige, barre noire sur la nuque

● Villes, villages, parcs, jardins

Guêpier d'Europe

Merops apiaster

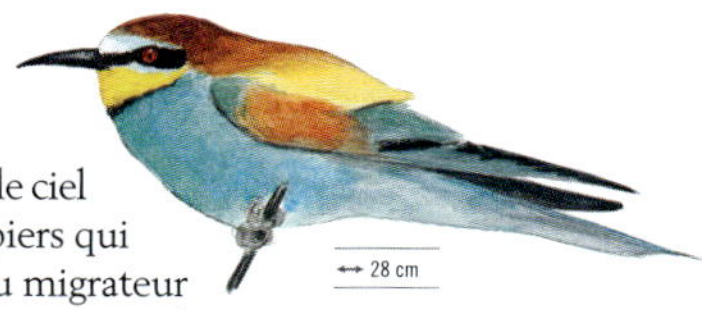

Des trilles retentissent. Cherchez dans le ciel pour localiser la petite bande de guêpiers qui est en chasse. Le guêpier est un oiseau migrateur qui vient parfois se reproduire dans nos régions. Il vit en colonie et niche dans des **terriers** creusés dans des parois meubles. Pour éviter que le nid ne devienne invivable, les parents avalent les fientes des poussins… Son nom lui vient de son alimentation, composée de gros **insectes** : des libellules, des coléoptères et, bien sûr, des guêpes qu'il peut saisir sans se faire piquer grâce à son long bec. Aussi agile que coloré, il écrase ses victimes contre son perchoir, éjectant ainsi le dard venimeux, avant de les offrir à ses petits.

▶ "Inconfondable !"

● Sablières, carrières…

▲ Migrateur

✚ Mai-septembre

Huppe fasciée

Upupa epops

La belle huppe fasciée sonde et **pioche** le sol de son bec pour attraper les larves, les vers et les insectes qui s'y cachent. Elle recherche sa nourriture uniquement à terre, dans les sols meubles. Elle fouille souvent dans les bouses de vache pour déloger les vermisseaux. Son plumage **bariolé**, visible lorsqu'elle étale vivement ses ailes, lui permet de déconcerter les prédateurs éventuels (éperviers). Sa huppe est composée de plumes érectiles qui se déploient ou se rabattent à volonté. Elle niche dans des arbres creux ou dans des cavités de vieux murs.

▶ Long bec recourbé, grande huppe orange sur la tête, ailes zébrées de bandes blanches et noires

● Paysages ouverts, vergers, boqueteaux, parcs…

▲ Migrateur

✚ Mars-septembre

Loriot

Oriolus oriolus

Mâle

Femelle

Son allure d'oiseau **tropical** a valu au mâle plusieurs surnoms, dont celui de **merle d'or**. Pourtant, le loriot se laisse rarement admirer : il vit discrètement au sommet des grands arbres, cachés dans l'épais feuillage. Vous ne le repérerez que grâce à son sifflement flûté et harmonieux. Le loriot se nourrit de cerises et de toutes sortes d'autres baies. Les invertébrés figurent aussi à son menu.

▶ Long bec fin, silhouette élancée, mâle jaune aux ailes noires, femelle vert-jaune, ventre clair et strié

● Bois, parcs, lisières de forêts…

▲ Migrateur

✚ Mai-septembre

Pics

Grâce à leur **bec** puissant, les pics creusent des cavités profondes dans les troncs d'arbre puis délogent les larves à l'aide de leur longue **langue**. Tous tambourinent les arbres au printemps pour délimiter leur territoire. En hiver, le **pic épeiche** choisit des **forges**, sortes d'ateliers où il coince les pommes de pin pour en extraire les graines. Le **pic vert** n'hésite pas à éventrer les fourmilières tandis que le grand **pic noir** hache menu les souches ou les troncs tombés à terre. Le tout petit **pic épeichette**, lui, préfère explorer les fines branches. Il se rend souvent dans les roselières en hiver pour manger les larves qui se cachent à l'intérieur des tiges de roseaux. Le **pic cendré** est surtout présent dans le Bas-Jura. Le **vol onduleux** des pics est aisément reconnaissable.

Pic épeichette

Dendrocopos minor

▶ Petit pic de la taille d'un moineau, bonnet rouge ou clair, dos barré de blanc

● Forêts, parcs, vergers, grandes haies notamment au bord de l'eau

Pic épeiche

Dendrocopos major

▶ Bonnet noir, derrière de la tête rouge (mâle), bas-ventre rouge

● Forêts, parcs

Pic mar

Dendrocopos medius

▶ Bonnet rouge

● Forêts de feuillus (chênaie)

Pic-vert

Picus viridis

▶ Grand pic au plumage vert (ventre cendré), bonnet rouge, œil masqué de noir

● Vergers, parcs, forêts claires…

Pic noir

Dryocopus martius

▶ Très grand pic, plumage noir, taille d'un corbeau, bonnet rouge sur la tête

● Forêts de feuillus et de conifères

Pic cendré

Picus canus

▶ Gris verdâtre sans bonnet, fine moustache noire

● Forêts de feuillus ou mixtes

Grimpereau des jardins

Certhia brachydactyla

↔ 13 cm

Vous reconnaîtrez le grimpereau à son comportement typique. Il **grimpe** le long des arbres en partant de leur base et en **tournant** autour du tronc. Ce faisant, il fouille l'écorce pour trouver quelques invertébrés à se mettre dans le bec. Ses allures de petit pic, son plumage couleur tronc, son bec fin et recourbé capable de déloger le moindre insecte, tous ces "équipements" font du grimpereau un oiseau parfaitement adapté à son mode de vie arboricole.

▶ Long bec fin et recourbé, allure typique (ou de p'tit pic), plumage terne, poitrine et ventre blanc et beige

● Forêts de feuillus, parcs, vergers, jardins...

Sittelle torchepot

Sitta europæ

20-24 g

↔ 14 cm

Son nom curieux lui vient de l'habitude qu'elle a de rétrécir avec de la boue séchée, ou torchis, l'entrée des trous où elle niche, afin d'en interdire l'accès aux prédateurs. Vous verrez souvent la sittelle, le long des troncs, chercher sa nourriture sous l'écorce. Elle est si agile qu'elle peut travailler la **tête en bas** ! Quand les insectes se font rares, elle coince des noisettes et des glands dans les racines et les souches pour les ouvrir à coups de bec. Ces ateliers sont appelée "forges".

▶ Taille d'une mésange, tête aplatie, queue courte, pattes robustes

● Forêts de feuillus, parcs, toute l'année

Tichodrome échelette

Tichodroma muraria

↔ 16 cm

Un oiseau de la taille d'un moineau grimpe le long d'une **paroi rocheuse** et entrouvre ses ailes colorées de temps à autre : le rare tichodrome fait son apparition. Spécialiste de l'escalade, il fouille les fissures de son long bec pour y dénicher **insectes** et autres invertébrés. Une fois au sommet de la paroi, le tichodrome se laisse tomber comme une pierre puis reprend son ascension un peu plus loin. Il visite également certains murs de grands bâtiments, comme ceux des églises.

▶ Long bec légèrement courbe, ailes arrondies et colorées de rouge et de points blancs, tête et ventre gris

● Falaises, clochers, carrières, parois rocheuses, grandes murailles

▲ Migrateur partiel

Alouettes

Alouette lulu

↔ 15 cm

Un chant résonne haut dans le ciel, puissant, interminable... Son auteur n'est autre que l'**alouette des champs**, ce petit point noir tout là-haut, qui, en été, chante sans jamais se lasser. Pourtant l'alouette niche et dort au sol. Sa nourriture est composeé d'insectes et de graines qu'elle trouve en trottant dans les champs. Dans le **Jura**, l'**alouette lulu** est aussi fréquente que sa cousine des champs. Elle se tient surtout au sol où elle trouve sa nourriture : insectes, araignées, graines. Cette alouette lance son chant, particulièrement mélancolique, en vol ou perchée sur un arbre.

Vol chanté

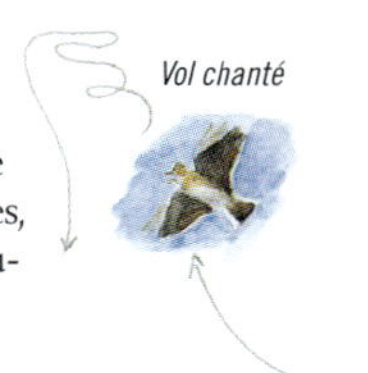

Alouette lulu

Lullula arborea

▶ Plus petite que l'alouette des champs, plumage strié de brun-noir, marque noire en bordure de l'aile, dessous blanc-crème

● Terrains secs, sableux à végétation rase, landes, clairières, zones herbeuses parsemées d'arbres...

Alouette des champs

Alauda arvensis

▶ Un peu plus gros qu'un moineau, plumage terne moucheté de brun, légère huppe

● Champs, prairies...

Hirondelle de fenêtre
Delichon urbica

▶ Queue légèrement échancrée. Bicolore, croupion blanc

● Villes, villages, campagne

▲ Migrateur

✚ Avril-octobre

Hirondelle rustique
Hirundo rustica

▶ Queue longue et fourchue

● Villages, campagne

▲ Migrateur

✚ Mars-octobre

Hirondelle de rivage
Riparia riparia

▶ Beige et blanche à collier brun

● Colonie dans les parois meubles

▲ Migrateur

✚ Mars-octobre

Hirondelle de rochers
Hirundo rupestris

▶ Brun-gris, gorge grise, ventre pâle

● Falaises, gorges encaissées

▲ Migrateur

✚ Mars-octobre

Hirondelles

D'où vient leur nom ? L'**hirondelle de fenêtre** niche souvent contre les maisons, sous les toits et les fenêtres. Elles cherchent dans le ciel sa nourriture. L'**hirondelle rustique** niche sur des poutres, à l'intérieur des bâtiments, mais seulement à la campagne. Avec sa queue échancrée, c'est l'hirondelle la plus typique : elle se nourrit d'insectes proches du sol. Sa population est en déclin à cause des insecticides. L'**hirondelle de rivage** niche dans les parois meubles souvent constituées de sable proche des rives. Leur cousine de **rochers** niche à proximité des falaises et des escarpements rocheux (qui ne manquent pas dans le Jura). Lorsqu'il fait humide mais aussi par temps froid, les insectes sont près du sol… et les hirondelles suivent. D'où la croyance populaire : "Quand les hirondelles volent bas, il va pleuvoir."

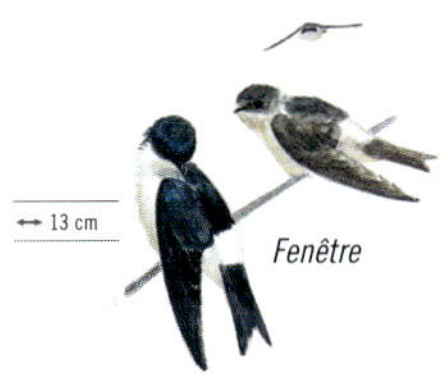

Martinet noir

Apus apus

Vol typique

Le martinet est un oiseau extraordinaire, encore plein de mystères. Le ciel est son royaume : il ne se pose pratiquement jamais, si ce n'est pour se reproduire. **Chasseur d'insectes** infatigable, il se livre à mille acrobaties, poursuivant des moucherons invisibles à notre œil. Il chasse en vol et ne revient nourrir ses jeunes que lorsqu'une boule de plusieurs centaines d'insectes s'est formée dans sa gorge. Il a la faculté de dormir en vol à plus de 1 500 m d'altitude. Ses ailes volumineuses lui imposent de nicher dans les grands bâtiments et les falaises. Contrairement à l'hirondelle, il ne se perche jamais sur les fils. Son cousin alpin, ou **martinet à ventre blanc**, passe la nuit en groupes dans des fissures de rochers ou sous les toits. Vous l'apercevrez certainement en vol dans la **reculée de Baume-les-Messieurs**. C'est aussi un oiseau très aérien : il peut voler de 600 à 1 000 km par jour.

▶ Queue fourchue, longues ailes en forme de faux, plumage sombre

● Villes, villages, grands bâtiments…

▲ Migrateur

✚ Avril-août

Gorge pleine d'insectes

Pipits

Vol en parachute

Pipit farlouse

↔ 15 cm

Il existe diverses espèces de pipit dont les plus communes sont le **pipit des arbres** et le **pipit farlouse**, au plumage très semblable. Tous deux ont une technique de vol originale pour marquer leur territoire… Du haut d'un perchoir ou après avoir pris un peu d'altitude, le pipit se laisse tomber puis, tout en chantant, il ouvre ses ailes et tournoie comme un **parachute** jusqu'au sol. Et la scène recommence. En l'écoutant, vous comprendrez mieux pourquoi il est nommé pipit. Le **pipit spioncelle** est un oiseau typique des montagnes, qui affectionne les terrains humides, sans arbres (alpages, marais d'altitude). En été, il vit entre 1 000 et 2 700 m d'altitude ; il se déplace en hiver vers les prairies humides et les littoraux.

Pipit spioncelle

Bergeronnettes

Depuis longtemps, les hommes ont observé le va-et-vient de la bergeronnette autour du **bétail**, d'où son nom, qui signifie "petite bergère". En fait, elle est attirée par les **insectes**. Vous observerez souvent la **bergeronnette grise** au sol, sur un terrain dénudé ou une pelouse rase, hochant vivement la queue et courant après quelques moucherons. Sa cousine des **ruisseaux** porte bien son nom : c'est au bord des **cours d'eau** que vous l'observerez le plus souvent. Elle migre partiellement quittant en hiver le froid du Haut-Jura pour rejoindre les contrées plus douces du Bas-Jura. Enfin, contrairement à ses deux cousines, la bergeronnette **printanière** est une véritable **migratrice**. Les premiers individus sont de retour d'Afrique au mois d'avril.

↔ 18 cm

Jeune

Mâle au printemps

Hiver

↔ 18 cm

↔ 16,5 cm

Femelle

Pipit des arbres

Anthus trivialis

▶ Bec effilé, allure d'une bergeronnette massive à la queue plus courte, plumage moucheté

● Lisières de forêts, clairières, zones ouvertes parsemées d'arbres (pipit des arbres) ; pâtures, prairies (pipit farlouse)

Pipit spioncelle

Anthus spinoletta

▶ Sourcils blancs marqués, dessous clair teinté de rose en été, légèrement strié en hiver

● Alpages, proximité des torrents en été, plaines, bords de lacs en hiver

▲ Migrateur partiel

Bergeronnette grise

Motacilla alba

▶ Passereau blanc, noir et gris (les motifs varient)

● Souvent à proximité de l'eau, bâtiments…

Bergeronnette des ruisseaux

Motacilla cinerea

▶ Tête et dos gris, ventre jaune

● Ruisseaux, rivières, bords de l'eau

Bergeronnette printanière

Motacilla flava

▶ Dos jaune-verdâtre

● Prairies humides, landes, marais…

▲ Migrateur

✚ Mars-octobre

Martin-pêcheur

Alcedo atthis

▶ Petit oiseau, bleu et roux, au long bec

● Rivières et ruisseaux lents, étangs, bords de mer…

Pêche

Le sifflement perçant, un **éclair bleu** passe rapidement au ras de l'eau : le martin-pêcheur inspecte son territoire de chasse. Grand spécialiste de la **pêche**, il attend, immobile, sur une branche généralement basse et située au-dessus de l'eau. Au moindre scintillement, il plonge telle une flèche et capture le poisson qui s'est ainsi trahi. Le martin-pêcheur **creuse** des galeries dans les berges pour nicher. Celles-ci peuvent atteindre un mètre de profondeur !

Oiseaux des marais

Ces petits oiseaux affectionnent les fourrés denses et les roselières – bouscarle est un mot provençal qui signifie "oiseau des buissons". La présence des bouscarles et des citiscoles dans une région est fluctuante, un hiver rigoureux pouvant décimer une population. La **rousserolle effarvatte** fabrique son nid dans les **roselières** en "tressant" des brindilles entre des tiges de roseaux ou de joncs. Chaque matériau utilisé est d'abord soigneusement trempé dans l'eau. Cette petite astuce permet à la rousserolle d'assouplir le brin d'herbe et de le modeler à sa façon. Ses deux cousines, la **rousserolle verderolle** et la **rousserolle turdoïde**, lui ressemblent énormément.

Bruant des roseaux, femelle ou plumage en automne-hiver

Bruant des roseaux, mâle chantant

Rousserole effarvate

Bouscarle de Cetti

Gorgebleue

Bruants des roseaux

Emberiza schœniclus

▶ Tête noire (délavée en hiver), nuque blanche (mâle), tête brune (femelle)

● Étangs, marais, friches, roselières

Rousserole effarvate

Acrocephalus scirpaceus

▶ Bec effilé qui prolonge le crâne formant une "tête en pointe", sourcils clairs, plumage terne, ventre clair

● Étangs, marais, mares, fossés avec roselières, parfois taillis

▲ Migrateur

✚ Avril-octobre

Bouscarle de Cetti

Cettia cetti

▶ Dos marron uni, queue assez large et arrondie

● Haies et bosquets denses, marais

Gorgebleue

Luscinia svecica

▶ Plastron bleu vif

● Fourrés denses, marais

▲ Migrateur

✚ Mars-novembre

Cincle plongeur

Cinclus cinclus

↔ 18 cm

Excellent **nageur**, le cincle passe sa vie en bordure des cours d'eau rapides (et limpides). Il se nourrit de divers insectes et larves aquatiques qu'il déniche en plongeant dans le courant. Le merle d'eau (son autre nom) peut même **marcher** au fond de l'eau, à contre-courant, pour picorer les larves qui se trouvent sur ou sous les pierres. Vous l'observerez sans doute posé sur un caillou au milieu de la rivière. Il est présent dans le Haut-Jura même en hiver. La dégradation de la qualité de l'eau, son milieu de prédilection, fait peser une menace sur le cincle.

▶ Bec effilé, corps "rond", queue courte et relevée, grande bavette blanche, plumage général brun

● Bordures des ruisseaux, torrents, rivières rapides et claires

Troglodyte mignon

Troglodytes troglodytes

↔ 10 cm

Facilement reconnaissable à sa silhouette ronde et à sa petite **queue dressée**, le minuscule troglodyte ne pèse que 9 grammes. Il se faufile partout, inspectant le moindre recoin pour trouver sa pitance : araignée, insecte, cloporte... Regardez-le se glisser dans les tas de bois et au plus profond des taillis : une vraie souris ! D'autant que le troglodyte n'hésite pas à se rapprocher des maisons. Vous pouvez le surprendre en train d'inspecter vos rebords de fenêtre.

▶ Courte queue relevée et bec effilé

● Forêts, jardins, buissons, haies...

Accenteur mouchet

Prunella modularis

↔ 15 cm

L'accenteur mouchet est un oiseau assez **commun** qui est parfois confondu avec une fauvette ou encore avec un moineau. Discret, il se faufile au plus profond des buissons. Vous pourrez l'observer plus facilement en installant chez vous un petit **poste de nourrissage** en hiver. Au sol, parmi les dizaines de moineaux, il ne tardera pas à faire son apparition.

▶ Bec fin, plumage terne, tête, gorge et ventre gris

● Jardins, haies, parcs, bois, taillis...

Rossignol philomèle

Luscinia megarhynchos

↔ 16,5 cm

Son **chant**, très réputé, que l'on peut entendre d'avril à juin, a fait du rossignol une vedette de la littérature. Il faut dire que ses compositions, de jour comme de **nuit**, sont d'une virtuosité sans égal dans le monde des oiseaux. Munissez-vous de patience pour l'observer car il passe le plus clair de son temps **caché** dans les fourrés.

▶ Bec et corps effilés, plumage brun-roux

● Haies, parcs, bois touffus...

▲ Migrateur

✚ Avril-septembre

▶ Taille d'une mésange, bavette rouge-orangé, corps rond

● Forêts, parcs, jardins, haies

Rouge-queue à front blanc

Phœnicurus phœnicurus

▶ Poitrine rousse, très délavée chez la femelle ; souvent au sol

● Parcs, jardins, lisières, forêts claires

▲ Migrateur

✚ Avril-octobre

Rouge-queue noir

Phœnicurus ochruros

▶ Bec fin, plumage noirâtre ou grisâtre, queue rousse (souvent en mouvement)

● Villes, villages, bâtiments, vieux murs

▲ Migrateur partiel

Tarier pâtre

Saxicola torquata

▶ Sombre, poitrine rousse et tache sur l'aile

● Prairies, chemins

▲ Migrateur partiel

Traquet motteux

Œnanthe œnanthe

▶ Masque noir, queue avec un "T" à l'envers

● Zones pierreuses, prairies sèches, friches

▲ Migrateur

✚ Mars-octobre

Tarier des prés

Saxicola rubetra

▶ Sourcils blancs très nets, gorge rousse

● Prairies grasses, humides avec bosquets, marais…

▲ Migrateur

✚ Avril-septembre

Rougegorge

Erithacus rubecula

Posture territoriale

C'est en **automne** et en **hiver** que le rougegorge n'hésite pas à se montrer. À la belle saison, c'est un oiseau très discret, et rares sont ceux qui le surprennent autrement que par son chant mélancolique. Sous son joli minois, le rougegorge cache un tempérament colérique. Il garde son territoire avec attention. Gare à l'intrus car le rougegorge voit… rouge. Peu sociable, il chasse et intimide généralement tout autre rougegorge qu'il rencontre.

Jeune

Rouges-queues

Certains nomment le **rouge-queue noir** le **ramoneur** car il est souvent posé sur une cheminée, comme s'il venait d'en sortir couvert de suie ! D'autres l'appellent "hoche-queue" en raison des tremblements incessants de sa queue. Ces petits détails vous permettront de reconnaître sans difficulté la silhouette des rouges-queues. D'autant qu'aux branchages et aux broussailles, ils préfèrent les perchoirs bien en vue.

Rouge-queue à front blanc mâle

Rouge-queue à front blanc femelle

Poursuite

Rouge-queue noir mâle

Rouge-queue noir femelle

Traquet et tarier

Traquet motteux

Lorsqu'il migre, le **traquet motteux** aime à faire des haltes sur les grosses mottes de terre des champs labourés. C'est ainsi qu'il a été qualifié de "motteux". Ne confondez pas le **tarier pâtre** avec son cousin des prés qui a des sourcils blancs. Il adore les **perchoirs dominants** d'où il peut surveiller son territoire et ses proies.

Tarier pâtre

Tarier des prés, mâle

Femelle ou plumage d'automne

Roitelets

Roitelet huppé

Prenez une pièce de monnaie dans votre main, et vous aurez une idée du poids des roitelets ! Pesant entre 4,5 et 6 grammes, ils sont les oiseaux les plus légers d'Europe. Ces petites boules de plumes peuvent se laisser approcher à quelques mètres s'ils se sentent en sécurité au milieu des buissons. N'hésitez pas à inspecter le "béton végétal" que forment les haies de thuyas, le roitelet s'y balade couramment (c'est l'un des rares oiseaux à apprécier le thuya).

Roitelet triple-bandeau

Roitelet huppé

Regulus regulus

▶ Minuscule, bande jaune aux liserés noirs sur la tête

● Forêts et parcs avec des conifères

Roitelet triple-bandeau

Regulus ignicapillus

▶ Raies blanches, noires et jaunes sur la tête

● Forêts et parcs avec des conifères

Pouillots

Phylloscopus sp.

Pouillot fitis

Les pouillots sont de petits insectivores brun-vert, plus faciles à reconnaître au chant qu'au plumage. Le **pouillot véloce** est parfois appelé **compteur d'écus** car son chant monotone, souvent en deux notes, évoque le bruit des pièces que l'on compte. Son nid, en forme de boule, est situé assez bas dans les buissons. Le **pouillot fitis**, comme le **pouillot siffleur** et le **pouillot de Bonelli**, a un chant plus fluide et fréquente surtout les forêts. Ce sont des oiseaux **discrets** que l'on entend très souvent mais que l'on voit plus difficilement.

Pouillot véloce

▶ Taille d'une mésange, bec effilé

● Forêts, parcs, haies, taillis

▲ Migrateurs

✚ Mars-octobre

Fauvette à tête noire

Sylvia atricapilla

L'observation des fauvettes n'est pas chose facile : leur plumage est **terne** et elles passent leur vie cachées au cœur des buissons touffus. Ces oiseaux sont **discrets** au point qu'ils pourraient vivre dans les taillis de votre jardin sans aucun soupçon de votre part… Si ce n'était leur **chant**, sonore et caractéristique.

À tête noire femelle

À tête noire mâle

▶ Bec effilé et corps élancé (comme toutes les fauvettes), teinte terne excepté le dessus de la tête noir ou roux

● Taillis, parcs, jardins, haies denses

▲ Migrateur partiel

Prise de bec

La morphologie d'un animal peut donner de précieuses indications sur son mode de vie. Ainsi, les oiseaux granivores sont équipés d'un bec court et épais alors que celui des oiseaux insectivores est plutôt fin et long.

Granivore

Insectivore

Pie-grièche écorcheur

Lanius collurio

▶ Masque de “bandit” brun ou noir, bec légèrement crochu, dessus de la tête et nuque gris (mâle), dos roux

● Terrains dégagés parsemés de buissons denses, haies, bocages…

▲ Migrateur

✚ Mai-septembre

↔ 17 cm

Piquets de clôtures, fils barbelés, poteaux et fils téléphoniques… autant d’endroits à inspecter en premier lieu si vous souhaitez admirer la pie-grièche. Tous ces perchoirs lui conviennent à merveille pour un poste d’affût. Elle chasse de nombreux insectes et n’hésite pas à capturer les jeunes campagnols. Si les **proies** sont abondantes, la pie-grièche constitue un **stock de nourriture**, en empalant ses victimes sur des épines ou des barbelés… d’où son surnom d’écorcheur. Les insectes ainsi “accrochés” sont mangés plus tard.

Gobemouches

Gobemouche noir

Saxicola rubetra

▶ Mâle noir et blanc, femelle et plumage d’automne : gorge et ventre clairs, tête et dos brunâtres ; mouvements nerveux des ailes

● Forêts, bois, parcs, jardins, vergers…

▲ Migrateur

✚ Mai-octobre

Gobemouche gris

Muscicapa striata

▶ Bec fin, tête et gorge striées de brun

● Parcs, jardins, forêts claires

▲ Migrateur

✚ Mai-octobre

Revenu d’Afrique, le mâle recherche une cavité, de préférence dans un vieil arbre creux (hélas ! de plus en plus rare). À défaut, le **gobemouche noir** n’hésite pas à utiliser un nichoir. Lorsqu’une femelle arrive, il se transforme en véritable **agent immobilier** : il chante, il rentre et sort de sa cavité, jusqu’à ce que la femelle inspecte les lieux et accepte de s’installer avec lui. Ses couleurs ternes en font un animal bien peu remarqué.

Femelle ou plumage d’automne

↔ 13 cm

Mâle en période nuptiale

Le **gobemouche gris** est pourtant un oiseau surprenant. Posté sur une branche, il inspecte avec attention les alentours. L’une de ses ailes **frémit** sans arrêt, en signe de nervosité : il est à l’affût du moindre insecte volant. Qu’une mouche passe et son compte est réglé. Le gobemouche s’élance et chasse en vol la proie qu’il a repérée. Le **nid**, une simple petite coupe à l’abri de la pluie, est fabriqué notamment avec des toiles d’araignées et du crin.

↔ 14 cm

Gobemouche gris

Grives

Les grives sont difficiles à différencier entre elles, à moins de se concentrer sur quelques détails. Elles ont toutes un régime alimentaire composé d'invertébrés et de fruits. Leur nid, en forme de coupe, est généralement construit à base de brindilles, de mousse et de boue, à plusieurs mètres du sol. Les **grives litornes** se regroupent pour passer l'hiver dans nos régions. Le Doubs est l'un des premiers départements qu'elle a colonisé, en 1955. Les autres sont nicheuses. La **grive musicienne**, qui ne se réunit jamais en bande, même en hiver, se confectionne une forge pour casser les coquilles d'escargots. La **grive draine**, plus grosse, adore les baies du **gui** au point qu'elle en est le principal agent disséminateur, grâce à ses fientes qui contiennent des graines non digérées.

Grive musicienne

Turdus philomelos

▶ Petite grive, souvent rondelette, chante bien en vue

● Parcs, bois, haies…

Grive litorne

Grive musicienne

Grive draine

Grive mauvis

Merle noir

Turdus merula

Le merle, insectivore très commun, n'hésite pas à s'approcher des habitations. Il se nourrit au sol en sautillant et en fouillant les feuilles mortes. Lorsqu'il **gratte** la litière avec ses pattes, il fait un vacarme surprenant pour un oiseau de cette taille : on a l'impression d'entendre un grand mammifère détaler dans le maquis ! Malgré son penchant pour les vers et les insectes, le merle mange aussi des fruits : pommes, poires tombées à terre, etc. C'est un excellent **chanteur**.

Femelle

Mâle

▶ Bec jaune, plumage noir (mâle), brun terne chez la femelle

● Forêts, maquis

Jeune

Merle noir avec taches blanches

Merle à plastron

Mésanges

L'hiver, les mésanges se regroupent et se déplacent ensemble, parfois rejointes par des grimpereaux ou une sittelle : la **ronde** des mésanges est un spectacle qui ne vous lassera pas durant vos balades hivernales. **Acrobates**, ces oiseaux peuvent se suspendre aux fines branches pour déloger des insectes inaccessibles aux autres oiseaux. Les chenilles sont les proies les plus appréciées. Les familles nombreuses, souvent plus de 10 petits, sont courantes. À l'envol des jeunes, les parents sont à bout de force tant les allées et venues pour nourrir tout ce petit monde ont été incessantes depuis l'éclosion.

Mésange charbonnière

Parus major

▶ Tête noire aux joues blanches, ventre jaune

● Forêts, jardins…

Mésange huppée

Parus cristatus

▶ Petite, jolie petite huppe

● Conifères ou mixtes

Mésange bleue

Parus caeruleus

▶ Petite, ailes et queue bleu

● Parcs, jardins…

Mésange noire

Parus ater

▶ Petite, tête noire aux joues blanches

● Conifères

Mésange à longue queue

Aegithalos caudatus

▶ Longue queue

● Forêts et bois assez denses, parcs, taillis…

Mésange nonette

Parus palustris

▶ Mésange aux couleurs ternes, sa sœur jumelle, la mésange boréale (*Parus montanus*), lui ressemble comme deux gouttes d'eau

● Taillis, forêts denses, parcs…

Corvidés

Corneille harcelant un milan royal

Les corvidés sont étonnants par leur **faculté d'adaptation**. Omnivores, ils mangent des graines, des œufs qu'ils pillent dans les nids… C'est dans les tours des châteaux, les grands bâtiments, les édifices religieux que niche le **choucas**. Le mâle et la femelle de la **corneille noire** sont unis pour la vie. Le surnom de la **pie voleuse** lui vient de la manie qu'elle a de garnir son nid d'objets brillants : emballage de chewing-gum, morceau de verre… Ses jacassements rauques ont donné naissance à l'expression "bavard comme une pie". Par son cri d'alarme, le **geai** joue le rôle d'avertisseur sonore pour le reste des habitants de la forêt. Enfin, le **grand corbeau**, le plus grand corvidé du monde, réalise d'impressionnantes acrobaties aériennes : vrilles, piqués, loopings… il peut même voler sur le dos !

Corneille

Choucas

Geai

Pie

Nid de pie dans un peuplier

Grand corbeau

Cassenoix moucheté

Corneille noire
Corvus corone

▶ Long bec puissant, plumage entièrement noir

● Presque partout

Choucas des tours
Corvus monedula

▶ Bec puissant, taille d'un pigeon, nuque grise

● Villes, villages, rochers, ruines…

Geai des chênes
Garrulus glandarius

▶ Bec massif, queue noire, croupion blanc, bande bleu ciel sur les ailes

● Forêts, parcs…

Pie bavarde
Pica pica

▶ Bec massif, plumage noir et blanc, longue queue noire aux reflets vert métallique

● Villes, villages, parcs, jardins…

Grand corbeau
Corvus corax

▶ Plus gros qu'une buse, bec massif, plumage entièrement noir

● Zones escarpées et boisées, montagnes, côtes rocheuses…

Cassenoix moucheté
Nucifraga caryocatactes

▶ Bec long et massif, extrémité de la queue blanche, ailes noires brunâtres

● Forêts de conifères, lisières riches en noisetiers

Étourneau sansonnet

Sturnus vulgaris

▶ Bec effilé et pointu, queue courte, front plat, plumage sombre et moucheté

● Villes, villages, campagne cultivée…

Jeune

L'étourneau niche souvent à proximité des habitations, dans des cavités, sous les gouttières, sous les tuiles… C'est un excellent **imitateur** : perché, il reproduit les sons de son environnement. Certains naturalistes l'ont déjà entendu imiter la grenouille verte ! En hiver, les étourneaux se rassemblent par milliers pour rejoindre leur dortoir communautaire : un pylône électrique, les platanes d'une avenue en centre-ville, etc. Face aux **prédateurs** comme les faucons, ils ont copié sur les immenses bancs de poissons pour se défendre. Ils forment une **vague** compacte de **milliers** d'individus : une tache sombre dans le ciel qui change de forme sans arrêt. Spectacle garanti !

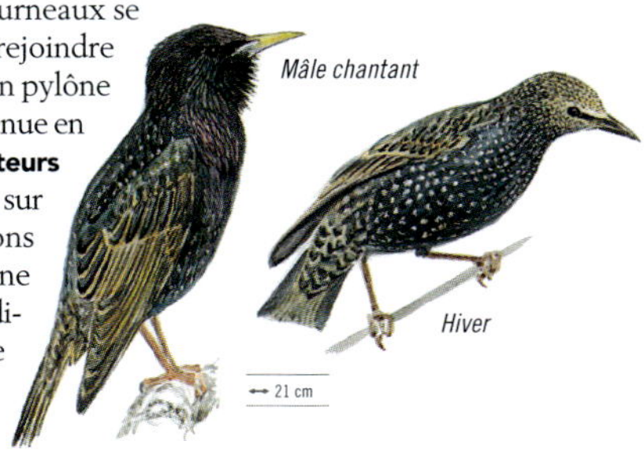

Moineaux

Moineau domestique

Passer domesticus

▶ Bec et corps massifs, bonnet gris bordé de marron, gorge noire (mâle), femelle terne, gorge et ventre unis et clairs

● Villes, villages, habitations…

Moineau friquet

Passer montanus

▶ Bonnet marron, virgule noire sur la joue

● Bocages, parcs, jardins, vergers, haies, villages

Les moineaux ont toujours su tirer parti des **activités humaines**. Dans les villes ou dans les champs, la nourriture abonde pour le **moineau domestique** comme pour le **moineau friquet**. Ils se nourrissent essentiellement de graines et d'autres matières végétales. Mais il leur arrive de capturer de gros coléoptères et même des lézards des murailles ! Ce sont des opportunistes : une fissure dans un mur, une cavité dans un bâtiment leur suffisent pour construire un nid. Parfois, ils vont même jusqu'à expulser une hirondelle de son nid pour s'y installer…

Bruants

Bruant jaune

Emberiza citrinella

▶ Bec court et conique, tête et ventre jaunes (mâle), croupion roux

● Bosquets, champs, bocages, lisières

Bruant proyer

Miliaria calandra

▶ Grand bruant au bec imposant, plumage terne brun-beige-gris rayé

● Terrains cultivés, prairies…

Bruant zizi

Emberiza cirlus

▶ "Barbe" noire, joues jaunes et bonnet strié de noir (mâle), croupion gris-brun

● Bocages, bosquets, friches, arbres isolés en campagne cultivée

Leur **bec massif** indique leur régime alimentaire : les bruants se sont spécialisés dans la recherche des **graines**, qu'ils trouvent généralement au sol… Mais ils nourrissent leurs petits avec des insectes et changent aisément de régime selon la saison. Sans doute aurez-vous quelques difficultés pour identifier les femelles et les jeunes aux couleurs ternes. D'une espèce à l'autre, ils se ressemblent énormément. Le **bruant proyer** se démarque de ses cousins par sa plus grande taille et son comportement sexuel : le mâle opte souvent pour la formation d'un harem de plusieurs femelles qu'il ne cesse de tyranniser !

Fringilles

Les fringilles sont de petits passereaux **granivores** (mangeurs de graines). Ils sont sociables, vivent souvent en bande, et sont bien répandus. Le mâle est généralement plus coloré que la femelle. Comme chez tous les **fringilles**, la femelle du **verdier** construit un nid en forme de coupe avec des matériaux divers : herbes sèches, brindilles, plumes… Cousin du célèbre canari et pourtant bien peu connu du commun des mortels, le **serin cini** n'hésite pas à vivre près des habitations. Le **chardonneret** extrait les graines de la cardère, grand chardon. Au mépris de la loi cet admirable chanteur est capturé par certains amateurs d'oiseaux de volières. Le **bec-croisé** s'est spécialisé dans le décorticage des cônes d'épicéas et de sapins. Le mâle de la **linotte** construit plusieurs nids, et la femelle n'en choisit qu'un. D'où l'expression, injustifiée, de "tête de linotte" : il oublierait ses nids. Comme son nom l'indique, le **tarin des aulnes** affectionne particulièrement les bouleaux et… les aulnes. Il joue les acrobates au bout des brindilles pour y déloger les graines. Le **pinson** est très commun. De son chant, qu'il peut répéter plusieurs centaines de fois par heure, est née l'expression "gai comme un pinson". Enfin le bien-nommé **gros-bec casse-noyaux** écrase entre ses mandibules surpuissantes les noyaux de cerises pour manger les amandes qu'ils contiennent. Il se nourrit aussi de nombreuses autres graines.

Mâle

Femelle

Pinson des arbres
Fringilla cœlebs
↔ 15 cm

Femelle

Mâle

↔ 12 cm

Tarin des aulnes
Carduelis spinus

Femelle

Mâle

↔ 11 cm

Serin cini
Serinus serinus

Linotte mélodieuse
Carduelis cannabina
↔ 13 cm

↔ 18 cm

Gros-bec casse-noyaux
Coccothraustes coccothraustes

Adulte

Jeune

↔ 16 cm

Chardonneret
Carduelis carduelis

Bec-croisé des sapins
Loxia curvirostra

Mâle

↔ 16 cm

Femelle

Femelle

Mâle

↔ 14,5 cm

Verdier
Carduelis chloris

Reptiles

C'est en marchant lentement tout en scrutant les places ensoleillées, au pied des buissons ou au bord des sentiers, que vous aurez le plus de chances de découvrir un reptile se réchauffant avant de partir en chasse.

Œuf de reptile

Couleuvre à collier

Natrix natrix

↔ 150 cm

▶ Couleuvre gris-vert parfois brune avec un collier clair

● Zones humides, bords de mares, d'étangs, de rivières

Son nom lui vient du **collier** qui orne son cou. De grandes écailles sur le dessus de la tête, un corps élancé et bien sûr son collier : vous ne pouvez pas la confondre avec une vipère ! Pour **se protéger**, la couleuvre à collier a plus d'un tour dans son sac. Si vous la surprenez, elle simule la mort à moins qu'elle ne laisse échapper un liquide nauséabond qui vous fera regretter de l'avoir rencontrée... Excellente **nageuse**, elle se nourrit d'amphibiens, de petits poissons et de campagnols... avant d'**hiverner** de novembre à avril.

Coronelle lisse

Coronella austriaca

↔ 60-75 cm

▶ Une bande sombre lui barre l'œil, couleur brune, grise ou cuivrée

● Milieu sec, lisières de forêts, carrières, broussailles

La coronelle lisse est une couleuvre plus rare et plus discrète. Vous la rencontrerez sur les talus broussailleux bien ensoleillés, surtout en début de matinée. Tandis que la couleuvre à collier s'est spécialisée dans la chasse aux grenouilles, la coronelle préfère les lézards et même d'autres serpents. Tel un boa, elle étouffe les plus grosses proies dans ses anneaux avant de les avaler tranquillement. Bien qu'elle soit inoffensive, elle est souvent confondue avec une vipère.

Vipère péliade

Vipera berus

↔ 55-80 cm

▶ Couleur grise à brune, présence d'un zigzag très voyant sur le dos

● Haies, forêts, zones humides, tourbières

La vipère péliade n'hésite pas à fréquenter les lieux humides. Vous pouvez même la rencontrer dans l'eau. Attention à ne pas la **confondre** avec une couleuvre car sa tête est pourvue de plusieurs grandes écailles bien visibles, contrairement aux autres vipères. Elle se nourrit de rongeurs, de grenouilles et de lézards qu'elle mord par surprise de ses deux **crochets venimeux**. Le malheureux "gibier" s'enfuit pour mourir un peu plus loin et la vipère n'a qu'à suivre tranquillement sa trace pour le retrouver. Sa cousine, la **vipère aspic**, a le museau un peu retroussé et de petites écailles sur la tête. Elle fréquente les milieux secs : talus, haies, pentes ensoleillées.

Couleuvre ou vipère ?

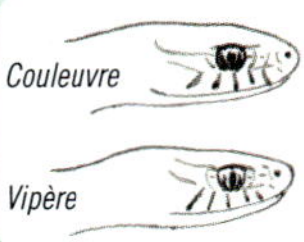

Couleuvre

- Longue, fine, effilée
- Pupilles rondes
- Tête plutôt ovale

Vipère

- Pupilles de chat
- Silhouette trapue, sa queue se termine brusquement
- Tête triangulaire
- Son dos est peint d'un "zigzag"
- Pas plus de 80 cm

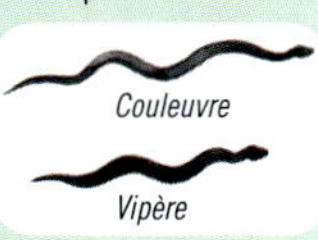

Si la queue se termine brusquement, c'est une vipère ; si elle est longue et effilée, c'est une couleuvre.

Lézards gris

↔ 17-20 cm

Lézard des murailles

↔ 12-18 cm

Lézard vivipare

Le **lézard des murailles** est présent jusqu'au cœur des grandes villes mais les murs enduits de crépi, les chats et les moineaux ont de plus en plus raison de lui ! Il est friand de mouches et autres insectes volants. **Immunisé** contre leur venin, il inscrit parfois des abeilles à son menu.

Le **lézard vivipare** supporte assez bien le **froid**, mais il aime se chauffer au soleil sur une touffe de jonc ou de mousse, sur une pierre ou une grume. C'est sa première préoccupation de la journée. Il restera ainsi exposé jusqu'a ce que sa température interne grimpe suffisamment pour lui permettre de se mouvoir avec agilité. Il sillonnera ensuite son territoire à la recherche d'araignées, d'insectes, de mille-pattes... Si vous le dérangez, il n'hésitera pas à se jeter à l'eau pour y trouver refuge.

Lézard des murailles

Podarcis muralis

▶ Longue queue, corps élancé, teinte très variable, gris, brun, rougeâtre...

● Vieux murs, talus ensoleillés, rocailles...

Lézard vivipare

Lacerta vivipara

▶ Petite tête, museau obtus, ventre jaune, orange ou rouge chez les adultes, gris foncé chez les jeunes

● Tourbières, forêts humides, prairies, landes, marécages...

✚ Hiverne d'octobre à février-mars

Lézard vert

Lacerta viridis

Mâle

↔ 35 cm

Femelle

Ce lézard porte une grande confiance en sa belle robe verte, qui lui permet de passer **inaperçu** au milieu des herbes et des feuilles. Vous pourrez ainsi l'admirer de très près sans qu'il bouge d'un millimètre. Mais, si vous vient l'envie de le saisir, le lézard vert n'hésitera pas à vous **mordre** en pressant si fortement ses mâchoires qu'il peut rester pendu à votre doigt un bon moment... Rassurez-vous, sa morsure n'est pas dangereuse.

▶ Corps (excepté le ventre) souvent entièrement vert, moucheté de noir ou de brun

● Haies, lisières, terrains secs et herbus

Orvet

Anguis viridis

L'orvet est un **lézard sans pattes**. Il a ainsi le pouvoir de s'auto-amputer pour échapper à un danger : il perd sa queue très facilement. Son nom latin lui vient de cette fragilité. Un autre surnom lui avait été donné pour la même raison : **serpent de verre**. Vous le trouverez souvent sous des pierres ou, de bon matin, dans l'herbe d'une lisière ensoleillée. Son aspect très lisse permet de ne pas le confondre avec un serpent.

▶ Comme un serpent sans cou, ocre ou cuivré

● Jardins, bois, lieux humides, prairies, lisières

↔ 50 cm

Jeune ou femelle

Mâle

Amphibiens

Salamandre tachetée

Salamandra salamandra

▶ Corps massif noir et jaune, queue ronde, glandes derrière les yeux

● Forêts, bois, parcs…

Larve de salamandre

La salamandre est presque exclusivement **terrestre**. Les femelles ne se risquent dans l'eau que pour libérer leurs larves dès la sortie de l'hiver. Mauvaises nageuses, il arrive parfois qu'elles se noient ! Les salamandres ont besoin d'un taux important d'humidité : elles ne sortent que la nuit, ou sitôt après de bonnes averses. Une croyance racontait que la salamandre était capable de traverser le feu sans aucune brûlure… ! Elle fut l'emblème de François 1er.

Triton alpestre

Triturus alpestris

▶ Apparence d'un lézard sans écailles, queue plate verticalement

● Mares, bassins, étangs, trous d'eau, ornières…

Phase terrestre

C'est le triton le plus **répandu dans le Parc naturel régional du Haut-Jura** et pratiquement le seul à cette altitude. Ses couleurs, vives chez le mâle en livrée nuptiale (dos bleuté, ventre orange à points noirs, flancs marqués d'une ligne bleu ciel), permettent de le repérer dans les ornières d'eau stagnantes et ombragées où il vient se reproduire. Terrestre et nocturne en été, il est aquatique et partiellement diurne en période de reproduction.

Grenouilles

Grenouille verte

Rana esculenta

▶ Dos en général vert, parfois brun, orné de taches noires, souvent une ligne vertébrale claire

● Mares, bassins, étangs, fossés, bras morts ensoleillés, avec de la végétation aquatique

Grenouille rousse

Rana temporaria

▶ Dos brun, beige ou roux, bande noire derrière l'œil

● Prairies inondables, forêts, mares, étangs, jardins…

Commune, la **grenouille verte** passe l'essentiel de sa journée dans l'eau ou sur les berges pour se chauffer au soleil. À la moindre alerte, elle **plonge** et se cache dans la vase. Elle se nourrit d'insectes, d'alevins et parfois de petits rongeurs ! Vous l'entendrez chanter pendant presque tout l'été. En avril, les grenouilles vertes s'accouplent et pondent leur amas d'œufs.

Leurs cousines **rousses** sont nocturnes. Elles commencent à sortir de leur **sommeil** hivernal en février pour aller se reproduire. Des milliers de batraciens retournent alors dans l'eau, souvent des flaques temporaires, pour s'accoupler et pondre leurs œufs. La nuit, un concert discret retentit : les ronflements sourds des mâles ont pour but d'attirer les femelles. Au bout de trois semaines, toutes retourneront à leur **vie terrestre**, dans les forêts, les haies et les jardins, jusqu'au printemps prochain. La **grenouille agile**, également présente dans le Jura ressemble beaucoup à la grenouille rousse.

Crapaud commun

Bufo bufo

↔ 7-13 cm

Le crapaud commun migre à partir de mars vers des lieux de **reproduction** – mares, flaques, étangs… – distants parfois de plusieurs kilomètres. Pour les atteindre, il doit souvent franchir un obstacle impitoyable : les routes. Près de 90 % d'une population peut être éradiquée par les **voitures** ! Conscients de ce danger, les mâles, très excités, s'agrippent à tout ce qui bouge… L'extrémité d'une de vos bottes, pourtant difficile à confondre avec une femelle, peut subir l'assaut d'un mâle impatient de s'accoupler ! En dehors de la période de reproduction, le crapaud commun vit sur **terre** un peu partout et ne sort que la nuit.

▶ Peau verruqueuse, glandes bien visibles derrière les yeux, pupilles horizontales

● Jardins, forêts, parcs, friches…

Crapaud calamite

Bufo calamita

↔ 6-9 cm

Petit et trapu, ce crapaud **trottine rapidement** pour se déplacer, au point qu'on le confond parfois avec une souris ! Il ne saute pas ou très rarement. Au printemps, les mâles gonflent leurs sacs vocaux et émettent des séries de puissants trilles que vous pouvez entendre à plus de 500 m. Le crapaud calamite est rare et menacée. Il est vital de protéger ses mares de reproduction.

▶ Peau verruqueuse, ligne vertébrale claire, 2 glandes parallèles derrière les yeux, iris teinté de jaune

● Zones sablonneuses, dunes, étangs, gravières…

Alyte accoucheur

Alytes obstetricans

↔ 4-5 cm

Mâle portant les œufs

L'alyte est un minuscule crapaud rare et localisé, aux **mœurs très étonnantes**. Le mâle attire les femelles en émettant une agréable note flûtée. Très attentionné, il prend en charge les œufs aussitôt après l'accouplement – d'où son surnom – et les transporte sur ses pattes postérieures pendant plusieurs semaines avant de rejoindre un point d'eau pour libérer les têtards. Au bout de quelques mois, ceux-ci peuvent atteindre 7 à 8 centimètres alors que les adultes n'excèdent pas 5 cm. L'alyte mène une existence presque exclusivement terrestre.

▶ Dos grisâtre couverts de petites verrues, pupilles de chat, pas de glande derrière la tête

● Gravières, carrières, talus ensoleillés, murs de pierre…

Sonneur à ventre jaune

Bombina variegata

Sonneur sortant la tête de l'eau

↔ 4-5 cm

Lorsqu'il est enfoui dans une flaque boueuse, le sonneur est très difficile à repérer. Son dos couleur de terre lui procure un camouflage parfait. Dès le mois de mai, vous pouvez le surprendre dans les **ornières de chemins forestiers** ensoleillés. Tendez l'oreille, vous aurez peut-être la chance de l'entendre chanter. La note qu'il émet lui a valu son nom. S'il est effrayé, il montre les **couleurs vives de son ventre** en relevant les pattes. C'est un signal très clair pour les prédateurs : attention poison ! Le sonneur à ventre jaune est rare et ses **populations, en déclin**, sont très localisées.

Accouplement sous l'eau

▶ Petit crapaud à la peau très verruqueuse, pupille en forme de cœur, ventre noir et jaune

● Flaques, ornières forestières, petits points d'eau temporaires

Poissons

Tous sont des poissons d'eaux douces. La **carpe** est l'une des espèces emblématiques des étangs de la Bresse jurassienne.

Index

Les numéros en **gras** renvoient au guide d'observation.

Index *(suite)*

Les numéros en **gras** renvoient au guide d'observation.

À Caroline Benchabane.

Toutes les illustrations sont de Jean Chevallier, à l'exception de celles p. 30, 31 et 35 du CPIE Bresse du Jura et de celles p. 60 du CPIE du Haut-Jura.
Les textes du guide d'observation sont de David Melbeck (Fédération des clubs CPN, Connaître et protéger la nature), révisés par le Parc naturel du Haut-Jura, Jean Chevallier et les éditions Belles Balades.

Balades :
Daniel Bernardin, Alain Goy, Michel Joly, Christian Monneret, Thierry Nézot, Jacques Olivier, Daniel Cantaloube et l'ADAPEMONT, le CPIE Bresse du Jura et le CPIE du Haut-Jura. Les textes des balades ont été supervisés (aspect scientifique et non dérangement des espèces protégées) par les auteurs, les deux CPIE du Jura et le Parc naturel régional du Haut-Jura.

Belles Balades éditions
Président : Alain Ged • **Directeur :** Yann Le Fichant • **Directrice de production :** Agnès Gauzit • **Directeur éditorial :** Axel Vicq • **Responsable d'édition :** Marine Prémel

Mise en pages : Cécile Chatelin – Point de vue • **Photogravure (couverture) :** Les Caméléons Paris – www.lescameleonsparis.fr

Cartes IGN : Les cartes IGN figurant dans cet ouvrage ont été réalisées à partir de fonds cartographiques de l'IGN – Tous droits réservés – Convention n°9043 – IGN Paris

Carte de la région : © Philippe Valentin, cartographe – www.oekoumene-cartographie.fr

Remerciements à :
L'ensemble des auteurs pour la qualité de leur travail et leur enthousiasme. Merci particulièrement à Anne Mathie, Mariette Perrard, Nicolas Bouveret et Nicolas Canet (CDT du Jura) pour leur collaboration et leur aide, Valérie Bourgoin (CPIE Bresse du Jura), Nicole Lançon et Christine Le Pennec (CPIE du Haut-Jura), Patricia Louvrier et Gilles Prost (Parc naturel régional du Haut-Jura). Merci à toutes les personnes qui nous ont aidés à un moment ou à un autre de la réalisation de cet ouvrage : Sylvie Champeix et Delphine Durin (Jura Nature Environnement), Michel Bouvier, Michel Cottet, Claude Le Pennec, Christian Monneret, Daniel Cantaloube, le CPIE du Haut-Doubs, Michel Perrinet (Conservatoire régional des Espaces naturels de Franche-Comté), Gérard Arnal, Alain Carbon, David Melbeck et les CPN, la SNPN. Merci à Jean Chevallier pour son aide précieuse sur chacun des guides.
Et merci à Olivier Nicoli pour son soutien et tout ce qu'il a apporté à la collection.

Ces guides n'existeraient pas sans les **associations de protection de la nature**, les parcs naturels régionaux, les parcs nationaux, les réserves naturelles et des institutions comme le Conservatoire du Littoral. Ces guides n'existeraient pas sans le travail essentiel de ces organismes et de ceux qui les soutiennent. Penser globalement, agir localement.

Crédits photos (photos désignées par des lettres commençant par a, ordre de lecture de gauche à droite puis de haut en bas)
Couverture : © Hervé Lenain / hemis.fr
ADAPEMONT : 54, 55, 56, 59a • CDT du Jura : 30, 32, 60 • J. Chevallier : 44b, 68 • Conservatoire botanique national du Bassin parisien : 8b,8c, 8d, 8e, 38b, 58, 59b, 64, 74 • CPIE Bresse du Jura : 8f, 20, 22, 24, 25, 26, 80b • CPIE du Haut-Jura : 6, 50, 62b, 66, 80a • Michel Cottet : 38a, 41 • CPE : 40 • Dakota éditions : 45 • A. Goy : 16, 17, 18 • David Dohnal/Shutterstock : 13 • PHB.cz (Richard Semik)/Shutterstock : 10a • Mick1980/Shutterstock : 10b • Seawhisper/Shutterstock : 10c • Miercea Bezergheanu/shutterstock :11a • Mahathir Mohd Yasin/Shutterstock : 11b • Wolfgang Kruck/Shutterstock : 13 • Robert Le Pennec : 61, 78 • Guy Mazuez : 52, 53 • C. Monneret : 8a, 46 • ONF Jura : 36, 37, 42, 44a • OTSI Arbois : 28 • PNRHJ/E. Anglade : 76 • PNRHJ/I. Douchet : 72 • PNRHJ /L. Gaignerot : 62a, 70 • PNRHJ/P. Léchine : 75 • C. Poirrier : 14.

Malgré le soin apporté à cette édition, elle ne saurait être parfaite. N'hésitez pas à nous écrire pour nous faire part de vos remarques.

Belles Balades

16 avenue David Dellepiane, 13007 Marseille • 104 rue Alexandre Dumas, 75020 Paris
www.bellesbalades.com • contact@bellesbalades.com
ISBN : 978-2-84640-507-2
Dépôt légal : 2e trimestre 2020

Imprimé en France par Imprimerie de Champagne en mars 2021

PEFC 10-31-2009 Certifié PEFC pefc-france.org